GENJINブックレット71

組織罰はなぜ必要か

事故のない安心・安全な社会を創るために

JN025624

現代人文社

はじめに

　現代社会では、企業や法人などの組織体が事業活動を活発に展開している。その一方で、大規模かつ複雑になった組織体の活動のもと、大事故の発生が後を絶たない。

　現在の日本では、組織がどんなに大きな事故を起こしても、その刑事責任は問われない。刑法に組織を罰する条文がないからである。個人しか訴えられない現在の刑事司法制度では、責任の所在が多くの部署に分散する組織が引き起こした事故は裁けない。明治時代につくられた刑法の限界が明瞭になっていると私たちは考えている。

　事故によって、尊い命が奪われたにもかかわらず、誰も法的な責任を課せられないということでは、遺族は納得できない。誰も責任を取らない無責任ともいえる社会を変え、本当に安全な社会を実現するために「組織を罰する法律」すなわち「組織罰」が必要と考え、私たち遺族は「組織罰を実現する会」を立ち上げた。

＊

　「組織を罰する法律」は、アメリカ・イギリス・フランスなどの諸外国にはすでに存在している。これが実現すれば、組織そのものの刑事責任を問えることになり、利益優先の経営者の意識や組織構造を根本から変えていく手がかりとなる。それは、組織事故の再発防止・未然防止のための抑止力となり、安全な社会の実現に繋がっていくと強く思っている。

　安全な社会の実現を目指して「組織罰を実現する会」を立ち上げて、4年ほど経ったが、私どもの力不足もあり、まだまだ社会に「組織罰」に関する理解が広まっていない。

　そこで、「組織罰」を多くの方々に知っていただくために、遺族や会の顧問の先生方の協力を得て、このブックレットを発刊することにした。

　この小冊子が、日本社会をより安全にしていくための一助となることを願っている。

組織罰を実現する会代表　　大森重美（JR福知山線事故遺族）

「組織罰を実現する会」

■わたしたちがめざす組織罰の内容

1　両罰規定の特別法として「個人にしか問えない業務上過失致死罪を法人にも問えるようにする法律」を創設する。
2　条文の内容は以下のとおりとする。

第1条　法人の業務において発生した事故に関して、代表者又は代理人、使用人その他の従業者が刑法211条の罪を犯し、人を死亡させたときは、法人を500万円以下の罰金刑に処する。

第2条　前条の罰金は、国及び地方公共団体を除き、当該会社の前事業年度における純資産額に相当する金額以下とすることができる。

■わたしたちが見直しを求める刑事司法の実務

1　過失犯について、具体的予見可能性に固執せず、常識を重んじて、合理的危険が予見できれば処罰できるよう、判断のあり方を改めること。
2　予見可能性を考えるにあたり科学的な考察を重視すること。
3　刑事訴訟法の手続きのあり方は、被害者も納得できるように改めること。
4　捜査にあたっては、事故調査活動の重要性を尊重し、相互に独立性を重んじ協力できる関係性を構築すること。
5　将来的には、法人処罰については、英国の法人故殺罪など新たな仕組みに発展するよう研究と検討を進めること。

団体名：組織罰を実現する会
設　　立：2016（平成28）年4月23日
代　　表：大森重美（ＪＲ福知山線列車脱線事故遺族)
副代表：松本邦夫（笹子トンネル天井板崩落事故遺族)
事務局：津久井進（弁護士）
顧　　問：安部誠治、郷原信郎、安原浩、柳田邦男（五十音順）
ホームページ：http://soshikibatsu.jp/
連絡先：〒662-0832
兵庫県西宮市甲風園1丁目8番1号ゆとり生活館 AMIS 5階
弁護士法人芦屋西宮市民法律事務所内
電話 0798-68-3161

事故のない安全な社会をめざして

大森重美

JR福知山線事故遺族

1　現在までの経緯

　2005（平成17）年4月25日、兵庫県尼崎市のJR福知山線で、快速列車が制限速度70キロの急カーブに時速116キロで進入して脱線し、乗客106人と運転士が死亡、562人が負傷するという事故が発生した。乗客の一人であった私の長女（当時23歳）も、事故に巻き込まれ犠牲者となった。事故以降、娘の死を無駄にしないよう、また、二度と同じような事故が起きないことを強く願い、自分のキャリアを生かしつつ、できる範囲の活動をやってきた。

　この事故は、多くの要因が絡み合って発生した典型的な組織事故の一つである。近年、この種の事故が後を絶たない。

　私は、現役時代、ゼネコン（事故の多い建設業）において安全管理・予兆管理を主担していた。そのため、この分野の知識を一定程度持っていた。そこで、こうした経験に基づいた所見をJR西日本や神戸地方検察庁、裁判所に対して発信するとともに、運輸安全委員会が設置した事故報告書検証チームや組織罰を実現する会などで活動を続けてきた。

　事故発生から15年が経過したが、被害者参加制度による二つの刑事裁判の傍聴・意見陳述・被告人質問やその他の活動を通して、現在の司法（裁判）や法曹の現状に対して大きな問題があると考えるようになった。事故の多くは、安全対策がおろそかにされたことで発生している。司法（裁判）の役割の一つは、事故の再発防止・未然防止のために警鐘を鳴ら

JR福知山線事故（2005年4月25日。写真提供：時事通信）

すことにあるはずだが、現状ではその役割が果たせていないと感じている。

　事故は、組織が引き起こす。事故のない安全な社会を創造するため、組織体質を変えることが必要である。その点で最も効果があると考えられるのは、予算・資金配分と人事の決定権を掌握している組織の幹部の責任を問うことではなかろうか。

2　「組織罰」について

(1) 組織罰の創設を目指すまでの経緯

　私は、現在の司法（裁判）はどうなっているのかを、二つの刑事裁判の調書閲覧・公判傍聴・被告人質問・意見陳述などを通して見極めようとしてきた。無罪という判決が出されるならば、現在の司法の限界が見えたと声を上げ、新たな法整備を訴えることも辞さない気構えで裁判に臨んだ。この裁判を経て、現在「組織罰を実現する会」の代表を務めて

いる。日本の刑法では、過失責任を問う業務上過失致死罪において、個人の責任は問えるが、組織の責任は問えない。それは、組織の刑事責任を問う法律がないからである。

　JR福知山線事故に関係する二つの刑事裁判の過程を見てきて、残念ながら現在の司法では大規模組織が発生させた事故を裁くのは困難であるという結論に至った。組織の活動と構造はますます複雑になっている。たとえば、組織に複数の責任部署があり、別々の部署の担当者の責任がそれぞれ50％程度だった場合、各個人は100％に至らない以上「疑わしきは罰せず」で無罪となり、結果として、組織内で責任が問われる者はいなくなる。そうではなく、柔道の合わせ技で1本のように、それぞれの個人は50％ずつの責任で灰色無罪だが、組織としては灰色を合わせた100％の責任がある、という考え方はできないものだろうか。福知山線事故の刑事裁判における無罪判決の体験を通して、「組織罰（組織の刑事責任を問う法律）の必要性」と「組織幹部の刑事責任を問う重要性」を痛感するようになった。

　現在目指している「組織罰」は、安全管理上の過失により、人の死亡という重大事故を発生させた組織（企業など）に多額の罰金を科し、そのことによって組織の幹部が責任を追及されることを狙っている。そして、組織が、安全管理を十分に実施していたことを立証した場合には免責する、とするものである。

(2) 不十分な安全対策が原因で発生した事故のケースに見る司法の現状

　福知山線事故は、多くの要因が絡み合って発生した大規模組織事故である。そうした事故では、責任が多くの部署に分散し、無罪となる可能性が大である。

　現行の刑法には組織罰（組織の刑事責任を問う法律）が規定されていない。まず組織罰を刑法に創設し、これに合わせて司法の制度を整備する必要

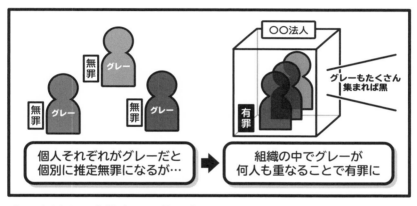

があると思う。実社会の現状に合わせて、司法（裁判）も変わっていくべきである。

　山崎正夫元社長を被告とする裁判の判決（2012〔平成24〕年 1 月 11 日神戸地裁）は、「組織としての鉄道事業者に要求される安全対策という点からみれば、本件曲線の設計や JR 西日本の転覆のリスクの解析及び ATS 整備の在り方に問題が存在し、大規模鉄道事業者としての JR 西日本に期待される水準に及ばないところがあったといわざるを得ない。」としている。組織としての安全管理が低レベルだったことが事故発生の一因だとはっきり認めているが、組織責任は問えなかった。

　井手、南谷、垣内の歴代 3 社長の裁判（2015〔平成27〕年 3 月 27 日大阪

高裁）においては、裁判長は最後に「誰1人として刑事責任を問われないのはおかしいと思うのはもっともでしょうが、個人の刑事責任は厳格に考えなければなりません」と説示し、現在の司法ではこれが限界だと暗に認めた。

3 「管理責任」について

ここで問題となるのは、事故の発生を防止するために適切な対処をすべき「管理責任」であるが、立件の難易度は、順次、直接性が薄れるということから、〈行為者責任（直接責任）→監督責任→管理責任〉の順に困難になるという。それでよいのだろうか。

そしてこの順番は、予見可能性の立証の難易度とも重なるとのことである。

また、「管理責任」の予見可能性が、「行為者責任」や「監督責任」における予見可能性と同等と評価されるのは、｛管理責任において要求される行為が、法令上の義務とされている｝または、｛同じような事例（事故例）が発生している｝場合だということである。

一般的に、安全対策をおろそかにした結果発生した事故の原因としては「管理責任」が多いが、この「管理責任」という不作為（なにも対応策をしていない事象）を軽視してよいはずがない。

私は当初から、JR福知山線事故の最大の原因は、脱線事故現場の急曲線に、電車の冒進を防ぐためのATS設備がなかったことだと主張してきた。当時は「たられば」の主張はおかしいと、よく言われたものだが、本当にそうだろうか。

森永ヒ素ミルク事件では「管理責任」が問われた。一方、明石歩道橋事件では、被告となった副所長の「管理責任」ではなく、「行為者責任（直接責任）」が問われた。

　JR福知山線事故の山崎裁判においては、ATSの不整備という「管理責任」で、事故現場の急曲線化施工当時に、鉄道本部長で鉄道事業に関する安全対策の実質的な最高責任者であった山崎氏を起訴した。しかし無罪となった。「管理責任」を根拠にして、組織幹部の刑事責任を問うことの困難さが示されている。

　過去の事故例に照らしてみると、以下のような「管理責任」があると考えられる。

　・笹子トンネル事故—確実な点検・整備の励行
　・軽井沢バス事故—運転手の技能の確認不足

　これらの事故発生に大きな影響を及ぼした「管理責任」は、事故原因としてクローズアップされ、社会的な共通認識が形成されるにもかかわらず、司法の場では責任追及されにくいことに強い疑問を感じている。

　格段に難しいことではなく、まともに「予兆管理」をやっていれば、簡単に気付けることだし、格段の対策費がかかることもない。

　「予兆管理」とは、現場において、日常の業務の中に潜んでいて｛何かおかしい、あるいは不安に感じる事象｝である｛ヒヤリ・ハット｝を具体化・顕在化させ、それに対する対策を立て、事前に事故を防ぐ対応のことである。すなわち、具体化・顕在化することによって、危険を予知（予見）することができる活動である。想定外などという大げさな問題ではない。それを、PDCAサイクル｛Plan（計画）→ Do（実行）→ Check（チェック）→ Action（改善）｝に沿って回していき、改善対応を実施して不安事象をなくしていくということを言い、予兆管理は、既に日本社会における安全管理の現場で広く定着した活動である。

　対策ができていれば事故が発生することはなく、大勢の人間が死ななくて済む。司法（裁判）もこの点を十分考慮して、予兆管理を理解し、「管理責任」が事故発生に大きな影響を及ぼすことを認識した上で、判断をしていただきたい。個人責任ばかり重視して、直接性が薄れるという理

由で「管理責任」を軽視することがあってはならない。

4 「具体的予見可能性説」について

　私は、二つの刑事裁判を通じて、現在の裁判において「具体的予見可能性説」の判断が、永遠の真理のように扱われ、実務の主流となっている状況に接し、それでよいのだろうかと疑問を抱いた。「具体的予見可能性説」と「合理的危惧感説」、あるいは予兆管理などの「科学的・合理的な考え方」の整合性を図るべき時期にきていると思う。

(1)「具体的予見可能性説」と「合理的危惧感説」

　過失犯の規定の解釈については、二つの考え方がある。一つは「具体的予見可能性説」であり、もう一つは「合理的危惧感説」である。

　「具体的予見可能性説」は、事故発生の危険を具体的に予見（予測）できることが必要であるとする説である。一方の「合理的危惧感説」は、その業務が持つ危険性などの性質によっては、より高度の安全義務が課され、たとえ起きたことのない不確かな危険であってもその発生が合理的・科学的に危惧される危険については予見（予測）すべきであるとする説である。

　JR福知山線事故で関係者が無罪とされたのは、「具体的予見可能性説」によって、予見すべき範囲が確実なものに狭く限定されたためである。成立要件が厳格であればあるほど望ましいということだと、過失犯の成立範囲はどこまでも縮小してしまう。

　安全対策をおろそかにして発生した事故は、ハードルの高い旧態依然の「具体的予見可能性説」で裁くのではなく、社会一般の常識に近い「合理的危惧感説」や予兆管理などの「科学的・合理的な考え方」を考慮して裁かれるべきだと考える。

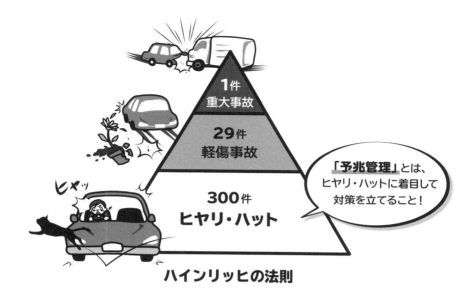

ハインリッヒの法則

(2) 予兆管理と危険認識

　私は事故発生直後から、JR 西日本において予兆管理がまともに実施され、有効に機能していれば、急曲線における脱線の危険認識は十分可能であり、事前に対策が講じられ、事故は防げたと主張してきた。

　「ハインリッヒの法則」によれば、1 件の重大事故の背景には、29 件の中小事故があり、300 件のヒヤリ・ハットがある。要するに、大事故の背景には、事故発生に至らない多くのヒヤリ・ハット（ヒヤリとしたり、ハットしたこと）があるということである。

　ヒヤリ・ハットを放置しておくと積み重なって大事故に結びつく。したがって、ヒヤリ・ハットを吸い上げて、素早く対策をたて、不安全状態を改善していくことが重要である。これは、安全教育・安全対策などに広く活用されている現代社会では一般的に定着した考え方である。重大事故が発生する前に、予兆管理を徹底させて、事故を未然に防ぐとい

うのが、今日の安全対策の原則である。

　前述したように、現在目指している「組織罰」は、企業などの組織が、安全管理を十分に実施していたことを立証した場合には免責する、としている。{安全管理の実施状況}の判断材料として、「十分な予兆管理の実施」は大きな決め手になると思う。

　JR福知山線事故についていえば、脱線を予見できなかった原因は、上意下達の組織構造のもとで予兆管理が機能していなかったJR西日本の企業体質にあった。不十分な予兆管理の下で、急曲線部における脱線の危険認識が十分ではなく、速度超過防止対策が講じられなかったことで、事故発生に至ったものといえるだろう。

(3) 運転士390名に対するアンケートの実施

　事故直後、JR西日本は急曲線部におけるスピードオーバーは発生していないとか、よくわからないと言っていた。私は建設業の現場経験から、大事故の背景には多くのヒヤリ・ハットがあったはずだと考えており、JR西日本の言い分に当初から疑問を抱いていた。

　そこで、運輸安全委員会が設置した事故調査報告書の検証チームメンバーに加わっていたとき、急曲線走行経験のある運転士515人を対象に「急曲線部などの危険認識」のアンケートを行った。390人から回答を得た。私の予想通り、種々の危険認識があり、急曲線部のスピードオーバーも運転士の5人に1人（20％超）が経験していたことが明らかになった。

　回答に当たっては実名を記入してもらった。運転士もそれ相応の覚悟で答えてくれたものである。このアンケート結果は、会社役員に忖度したJR西日本関係者の法廷証言などよりずっと真実味がある。公表していないがアンケートの自由記述欄には多くのヒヤリ・ハット事例が記入されており、またJR西日本の安全管理・乗務員管理の問題点について

も赤裸々に記述されていた。それが現場の実態である。

5　おわりに

　安全管理がおろそかにされたために発生した事故の裁判において、「具体的予見可能性説」のハードルが高すぎることにより、また、「管理責任」の軽視によって無罪判決が出されるケースが多いのが日本の司法の現実である。

　その結果、安全対策が後手になっても罪を問われない。先手を打って対応する必要もなく、"組織の幹部は事故が起きるのを待っていれば良い"とさえ思えるような消極的な待ちの姿勢を許容している。換言すれば、司法の現状が、事故による多数の死傷者を踏み台にした事後対応であっても、あるいは、事故発生を待った方が法令による義務化等がスムーズに行えるという甘い考え方が、企業や行政にはびこる原因を作出していると言わざるを得ない。

　この点を見直し、真剣に責任追及をしていかない限り、安全管理・予兆管理をベースにした真の安全体制は根付かない。司法が、責任追及を通じて警鐘を鳴らす役目を果たせておらず、それが現在の日本の「無責任社会」の温床になっているのではなかろうか。

・・・**著者プロフィール**
大森重美（おおもり・しげみ）　組織罰を実現する会代表、JR 福知山線事故遺族。

組織事故としての福知山線事故

安部誠治
関西大学教授

1　運輸機関の発達と事故

　人間の歴史において交通は、ながらく人力（徒歩）や畜力（馬車など）といった新陳代謝エネルギー、そして風力（帆船）によって担われてきた。ところが、19世紀の中葉以降、鉄道、船舶、自動車、航空機などの機械エネルギーを使用した運輸機関が次々と登場したことによって、その姿は大きく変わった。動力で動く運輸機関は、国土の利用形態や産業構造、都市の形状、国際的な分業関係、そして人々の生活の様式をつくり変えた。こうして、運輸機関によって構成される交通システムは、経済活動は原料の遠隔地からの輸送―商品の生産―その輸送―消費（廃棄）の形態に、また、人間の社会生活は家庭（消費）―長距離移動―労働・社会的活動、という形態に編成された現代社会をつくり出した。今や発達した交通システムは、現代社会を存立させる基本的条件となっている。

　しかし、その一方で、機械エネルギーで動く運輸機関は、故障や人間の取り扱いエラーなどによって、その登場以来、度々事故を引き起こしてきた。運輸機関が引き起こしたこれまでの事故のうち、もっとも被害の大きかったものは1912（大正元）年の旅客船タイタニック号の沈没事故である（1,513人死亡）。国内に目を転じると、1954（昭和29）年の青函連絡船洞爺丸の沈没事故（死者・行方不明者1,155人）や1985（昭和60）年の日本航空123便墜落事故（死者520人）などがよく知られている。さらに、自動車事故についても言及しておく必要があろう。自動車は現代文

明を象徴する、人間の移動の利便性を飛躍的に高めた乗り物である。しかし、その事故によって全世界で毎年 130 万人もの人が亡くなり、数千万人の人々が深刻な傷害を負っている。

　厚生労働省の「令和元年（2019）　人口動態統計（確定数）の概況」によれば、2019 年の 1 年間にわが国では 138 万 1,093 人が亡くなっている。その死因を見てみると、第 1 位は悪性新生物（いわゆる癌）で、以下、心疾患、老衰、脳血管疾患、肺炎などが続いている。注目すべきなのは、死因の第 7 位に「不慮の事故」がランクインしていることである。その実数は、死亡者総数の実に 2.8% に当たる 3 万 9,184 人である。

　ここで用いられている「不慮の事故」というタームは、WHO の国際疾病分類に準拠したもので、「交通事故」「不慮の窒息」「転倒・転落」「不慮の溺死及び溺水」などがこれに含まれる。この場合の「交通事故」とは、単に自動車事故だけでなく、鉄道、航空はいうまでもなく自転車やスキー場のリフト事故など動くもの全般に関わる事故のことをいい、WHO 分類では transport accidents となっている。厚生労働省は、これに「交通事故」という訳語を当てているが、わが国では交通事故は自動車事故とほぼ同義に用いられることが多いので、運輸事故と訳す方が適切であろう。なお、死因順位の第 10 位までを見ると、残りは腎不全などいずれも病気を原因とするものである。

2　運輸部門における組織事故

　安全論や事故調査論の分野で国際的に著名な英国のジェームス・リーズンは、事故をその影響が個人レベルで収まるものと、その影響が組織全体に及ぶものの 2 つに大別し、前者を個人事故（individual accidents）、後者を組織事故（organizational accidents）と呼んでいる。リーズンが組織事故として例示しているのは、原発事故、航空機事故、石油化学工場

や化学プラントの事故、船舶・鉄道事故、堤防決壊、スタジアムにおける群衆事故などである。非常にまれにしか起こらないが、ひとたび起きるとしばしば大惨事となるのが組織事故である（James Reason, Managing the Risks of Organizational Accidents, 1997：塩見弘監訳『組織事故』日科技連、1999年）。

　ところで、前述の「不慮の事故」の内容を詳細に見ていくと、それはリーズンのいう個人事故と組織事故からなっていることが分かる。すなわち、「交通事故」の中にも、自転車に追突されて負傷するといった個人事故もあれば、大型旅客機の墜落によって死亡するといった組織事故もあるのである。

　表は、運輸部門で戦後起こった事故のうち、犠牲者が100人を超えたものの一覧である。全部で14件を数えるが、内訳は鉄道6件、船舶5件、航空3件となっている。見られるとおり、これらの事故は1940年代から60年代半ばにかけて集中して発生している。当時は、現在と比べるとハード・施設が貧弱で、運航（又は運行）技術も低い水準にあり、関係者のヒューマンファクター（人的要素）に関する理解も乏しかった。そのため、こうした惨事が多発していた。その後、これらの重大事故の原因調査などによって得られた知見の活用や、新しい安全技術の導入などが進められた結果、深刻な運輸事故の発生件数は激減した。そうした中で起こったのが、1985（昭和60）年の日本航空123便の墜落事故や、2005（平成17）年のJR西日本・福知山線の列車脱線事故であった。

　なかでも福知山線事故は、死者が100人を超えた鉄道事故としては42年振りのものであり、社会に大きな衝撃を与えた。また、世界の中でも鉄道の安全水準が高い日本において発生したことで国際的にも注目され、事故直後に大きく報道されただけでなく、その後も英国のBBCなどによって、この事故を素材とした複数のドキュメンタリー番組も制作されている。

表　戦後に発生した死者100人以上の運輸事故

発生年	事故種別・名称	死者数
1945年8月	国鉄八高線多摩川鉄橋　列車正面衝突事故	105人
1945年12月	播淡連絡汽船　せきれい丸沈没事故	304人
1947年2月	国鉄八高線　列車脱線転覆事故	184人
1951年4月	国鉄東海道線・桜木町駅　列車火災事故	106人
1954年9月	国鉄青函連絡船　洞爺丸沈没事故	1155人
1955年5月	国鉄宇高連絡船　紫雲丸衝突沈没事故	168人
1957年4月	芸備商船　旅客船・第五北川丸座礁転覆事故	113人
1958年1月	南海汽船紀阿連絡船　南海丸沈没事故	167人
1962年5月	国鉄常磐線・三河島駅構内　列車脱線二重衝突事故	160人
1963年11月	国鉄東海道線・鶴見駅近く　列車脱線二重衝突事故	161人
1966年2月	全日空機　羽田沖墜落事故	133人
1971年7月	全日空機・自衛隊機　雫石上空衝突墜落事故	162人
1985年8月	日本航空123便　墜落事故	520人
2005年4月	JR西日本・福知山線　列車脱線事故	107人

＊船舶事故は死者・行方不明者数
＊＊洞爺丸事故と同時に他の4隻の連絡船も事故に遭遇。総計で1,155人を含む1,430
　　人の犠牲者が出た。

　福知山線事故は、JR西日本の安全管理の欠陥を背景に起こった典型的な組織事故の1つである。同事故が大きな契機となって、翌2006（平成18）年にはいわゆる運輸安全一括法が成立し、運輸関係の各事業法の第1条（目的）に、「輸送の安全」を確保することが追加された。運輸における事故の防止と安全の確保は、事業者が実現すべきもっとも重要な責務となったのである。

3 福知山線事故と刑事責任の追及

　わが国では一般に、人的被害を伴う事故が発生した場合、刑事責任の追及を目的として警察が捜査を行う。そして、これとは別に、航空・鉄道・船舶の事故が発生した場合には、その再発防止を目的として国の運輸安全委員会が事故原因の調査を行っている（このほか事業用自動車の事故については事業用自動車事故調査委員会が調査を担当している）。福知山線事故の場合も、運輸安全委員会の前身である航空・鉄道事故調査委員会（以下、本稿では「事故調」と呼ぶ）が 2 年 2 カ月に及ぶ調査を行い、その結果は2007（平成 19）年 6 月に「鉄道事故調査報告書」として公表された。

　同報告書などでも明らかにされているとおり、福知山線事故の根本原因は、同社のヒューマンラーに関する無理解や不十分なリスク管理、安全の捉え方についての歪みに求められる。その一つの表れがいわゆる「日勤教育」である。すなわち、JR 西日本の大阪支社管内を中心に圧迫的な乗務員管理が繰り返され、それが事故を起こした運転士の運転ミスにつながった。

　福知山線事故に関わる刑事責任の追及については 2009（平成 21）年 7 月に、山崎正夫社長（当時）が、鉄道本部長在任時代の責任を問われて業務上過失致死傷罪の疑いで、神戸地検によって起訴された。事故区間に ATS（自動列車停止装置）を設置しておくべきであったが、それを怠ったというのが主たる訴因であった。

　私見によれば、現行の法体系は発生した事故の根本原因を問う構成にはなっていない。したがって、このことを前提とする限り、この起訴には無理があった。福知山線事故の直接の契機は、列車が過速度で曲線区間へ進入したことによるものである。したがって、刑事責任を問うとすれば、法律的にはこの論点をめぐって争われるべきであった。しかし、

　運転士が死亡してしまったことから、この点を争点とすることは困難となった。そのため、検察側が問題としたのがATSの未設置問題であった。

　確かに、ATSが整備されていれば列車を強制的に減速又は停止させることができ、その結果、この脱線事故は起こらなかった可能性が大きかった。とはいえ、ATSはあくまで事故を防ぎ得た要因にすぎず、その未設置問題は事故の再発防止という観点からは重要であるが、これを刑事裁判の主たる争点とするには無理があった。そのため、2012（平成24）年1月に神戸地裁の判決で山崎元社長は無罪となり、検察側も控訴断念という帰結となった。

　このほか、福知山線事故関係では、検察審査会の議決を受けて、井手正敬、南谷昌二郎、垣内剛の歴代3社長も業務上過失致死傷の罪で強制起訴されたが、2017（平成29）年6月に無罪が確定している。

4　山崎元社長と刑事裁判

　前述の刑事裁判について、筆者も何回か法廷へ足を運び傍聴したが、

この裁判にはほとんど建設的な意義を見出すことはできなかった。第1に、被害者遺族が期待した「裁判による更なる真相の究明」について、公判において事故原因に係わる新しい事実は何ら明らかとならなかったからである。そして、第2に、公判における被告側の弁論は、事実の上でも論理的にも適当であったとしても、遺族側にとっては自己弁護と企業防衛にしかすぎないものと映り、法廷に詰めかけた多くの遺族の不信感を増幅させてしまったからである。

　2005（平成17）年4月に福知山線事故が発生するまでのJR西日本は、いわゆる「国鉄改革3人組」の一人で、同社の社長、会長、相談役を歴任した井手正敬の経営イズムに色濃く染め抜かれた鉄道会社であった。そうした井手路線の中、福知山線事故の発生直後から事故調が調査報告書を公表した2007（平成19）年6月頃まで、JR西日本の経営陣の深層を支配していたのは、「この事故は運転士の規則違反によって起こったもので、会社に組織的・構造的な問題点はない」という認識であった。こうした事故原因に対する認識は、組織に内在する事故の背景要因や遠因を究明しようとする姿勢を欠如させ、再発防止のために必要な徹底的な組織改革を妨げる要因ともなっていた。事故直後から、多くの被害者・遺族が激しく反発したのは、そうした事故に真摯に向き合おうとしない会社の姿勢だった。

　事故直後の2005（平成17）年6月に関連会社から本社に復帰し、2006年2月に社長に就任した山崎正夫は、JR西日本の企業体質に踏み込んだ改革に着手しはじめた。それは井手路線からの決別を志向するものでもあった。こうした山崎の熱意と姿勢は、被害者・遺族にも伝わり、同氏に期待と信頼をよせる遺族も増えていた。しかし、刑事裁判が始まったことによって、しかも、事故調査を行っていた事故調委員への不適切な働きかけが明るみに出たことによって、同氏は信頼を失い、埋まりつつあったJR西日本と被害者・遺族との間の溝も再び拡大してしまった。

5　おわりに

　被害者・遺族が刑事裁判を求めるのは、1つには、「人の命を奪っておいて誰も罰せられないのは納得がいかない」という感情からであり、もう1つには、裁判によって事故原因の解明が進むのではないかと期待するからである。

　この点について言えば、過失によって発生した運輸事故については、刑事責任を問わないというのが、米国のやり方である。筆者も、過失によって引き起こされた運輸事故については刑事責任を追及せず、再発防止のための事故調査のみが行われる方が、社会にとってはより有益と考える。しかし、それには刑事罰に代わって遺族の納得に道を拓く、何らかの代償措置が必要であろう。この点で、米国には被告への制裁と再発防止を目的とした懲罰的損害賠償制度が存在する。

　こうした仕組みのないわが国にあっては、本書がテーマとしている組織罰ないし法人罰が、それに代わる1つの方法である。その詳細は、本書の他の論考を参照されたい。

··著者プロフィール

安部誠治（あべ・せいじ）　関西大学社会安全学部教授、専門：公益事業論・社会安全学。1952年山口県生まれ、大阪市立大学大学院経営学研究科後期博士課程中退。同大学商学部助手、助教授などを経て1994年から関西大学商学部教授（2010年から社会安全学部教授）。社会安全学部長、副学長、理事、公益事業学会理事・会長などを歴任。日本の運輸事故調査システムの構築に寄与。政府原発事故調技術顧問、消費者安全調査委員会臨時委員などを歴任し、現在、事業用自動車事故調査委員会委員。関西電力やJR西日本、東京メトロなどの公益企業において社外有識者委員も務めた。主な著作にThe 2011 Fukushima Nuclear Power Plant Accident: How and Why it Happened, Woodhead Publishing, 2014　などがある。

[JR福知山線事故]
事故を忘れないためにJR西日本を見続ける

渡邉勝徳
JR 福知山線事故遺族

つながらなかった弟の携帯電話

　事故から 16 年が経った。2005（平成 17）年 4 月 25 日午前 9 時 18 分に事故が起こった。死者 107 人（運転士・乗客合わせ）負傷者 562 人の大事故である。

　私の弟は 107 人の中の一人だ。会社員だった弟はいつもだったら、もっと早い時間帯の電車を利用していた。当日は現場に直接向かうので、いつもより遅いこの電車に乗った。1 両目に乗車した。その頃はホームの端の方で喫煙できた。喫煙する弟は 1 両目に乗車するのがいつものことだった。

　最初にニュースで事故を知った時、事故発生が午前 9 時過ぎなので、いつもならば会社にいる時間であり、事故には遭ってはいないと思った。その後、心配で弟の携帯電話にかけ続けた。でも何度電話をしてもつながることがなかった。救助に当たった方が、電車の中で多くの携帯電話が鳴り続けていたと語っていた。電話に出てあげたかったけど、救助を優先したと言っていた。翌日、黒色のトリアージの札をつけられていた弟に会うことができた。その後、葬儀など行なったのだが、あまり覚えていない。息子を亡くした母親、夫を亡くした嫁のケアもあり、自分自身もどう過ごしたか記憶が定かではない。

死亡した運転士だけの責任か

　時間が経過すると、なぜ事故が起こったのかを考えられるようになった。初めに考えたことは死亡した運転士のことだ。なぜ　制限速度 70 キロメートルのカーブで時速 116 キロも出したのかということだ。新聞記事などで調べていく中で、「日勤教育」という言葉を初めて知った。事故前に　運転士は伊丹駅で 70 メートルのオーバーランをして、同乗の車掌に「まけてくれへんか」と嘆願していた。運転士を下ろされることを心配したのだということだ。当時は、ミスをすると草取り、トイレ掃除、社内規則を写すなどの教育とは言えない「日勤教育」がなされていたそうだ。車掌が指令にオーバーランをどのように報告するのかが気になりブレーキの作動が遅れ、大幅な速度オーバーのままカーブに入ったようだ。オーバーランを起こし、降格を心配し、ブレーキ操作が遅れ、何の非のない 106 名の命を奪う。到底　納得いくものではなかった。

　また　カーブは以前 R600 メートルが R300 メートルに付け替えられたことや人的ミスをカバーする速度超過に対応する ATS（自動列車停止装置）が設置されていないことがわかった。JR 西日本の安全対策が十分ではなかったことを知った。

納得できないJR西日本の主張

　事故の原因は、22 歳の運転士の問題だけではないのではないかと思うようになった。運転士を罰により管理しようとした責任、人為的ミスを補う ATS の未設置など安全対策の遅れなど会社の責任は問われないのかと考えるようになった。

　運転士にも会社にも社長にも責任はあると思う。特に会社と社長の責

任は大きいと思う。私鉄との競合に勝つために無理なダイヤを組まなかったのか、安全対策に十分に予算を組むことができていたのか、運転士などの社内教育は適切なものであったのかなど検証されるべきだと思う。

　航空鉄道事故調査会の最終報告にも、原因としてJR西日本の「運転士管理方法が関与した」日勤教育は「逆に事故を誘発する恐れがある」と書かれている。

　遺族として、事故の原因を突き止めることは難しい。専門的な知識を持ち合わせていないからである。国の安全委員会等の拡充も必要であるが、加害企業が原因を明らかにする仕組みが必要だと考える。「運転士がそのように速度オーバーをするとは考えもしなかった」などというJR西日本の主張には納得できない。事故を引き起こしたとき、会社としてこれだけの企業努力をしてきたと説明しなければならないことを義務付けるべきだと考える。そして、その説明は多くの遺族が納得できるものでなければならない。説明ができなければ「組織罰」として　それなりの処罰を受けるという仕組みが必要ではないだろうか。

問い続ける安全第一の経営

　2019（平成31）年、東京電力経営首脳の刑事責任を問う裁判の判決が出された。結果は「無罪」だ。JR西日本の判決と同じだ。どんなに大きな被害を生じさせても、経営陣の責任を認めさせることはできない。事故当時　JR西日本の大阪支社のスローガンは「稼ぐ」だった。ATSの設置を急がなかったJR西と最大津波15.7メートルとの予測に何もしなかった東京電力が、私にとっては同じに見える。すべての企業は、利益第一主義ではなく、安全第一であるべきだ。

　福知山線脱線事故後も、2017（平成29）年12月11日に、JR西日本は

新幹線の台車にひびが入り、複数の乗務員が何度と異音・異臭等に気が付き、そのことを指令にも伝えながらも、列車を走り続けさせたことが起こった。「安全」より「定時運行」を優先させたと思う。まだまだJR西日本を信頼することはできない。この事故も社員のだれかが悪いのではなく、異常を感じたら、すぐに列車を停止させるという社内の規則が徹底されてなかったからだと考える。社長が経営理念として安全優先を強く打ち出すべきだ。

　事故遺族にならなかったら、日本の鉄道は時刻通りに運行され優れていると考えていたと思う。事故遺族となった私にできることは、福知山線脱線事故を忘れないことと事故を繰り返させないためにJR西日本を見続け、安全第一の経営がなされているか問い続けることである。

（わたなべ・かつのり）

［笹子トンネル天井板崩落事故］

インフラ老朽化への無策の果てに

松本邦夫

松本和代

笹子トンネル天井板崩落事故遺族

事故の概要と天井板崩落の原因

　2012（平成24）年12月2日日曜日の午前8時3分、中央自動車道山梨県大月市の笹子トンネル（全長約4.7キロメートル）東京方面行き上り線の入り口より3キロメートル付近で、トンネル換気用コンクリート製の天井板ユニット（垂直の隔壁板1枚、水平の天井板2枚、合計4トンほどの重さ）が、崩落部分の中間あたりから連動して両側に向かって長さ138メートル（合計345枚分）にわたって崩落する。通行していた車3台を押しつぶし、2台から火災が発生して、11時過ぎまで燃え続けた。二次崩落を懸念した救助活動は進まず、ようやく17時30分から翌朝4時まで救助活動が行われて、遺体と車両が搬出された。

　先頭の乗用車に3名（全員死亡）、中ほどの保冷車に1名（死亡）、後尾のワンボックス車に6名（うち5名死亡、1名救出）、計9名が亡くなった。ワンボックス車に、娘の玲（れい）28歳が乗っていた。娘たちは、東京千代田区のシェアハウスに暮らす仲間で、12月1日の夜中に東京を出発し、山梨県の「ほったらかし温泉」で夜明けの富士山を見て、その足で帰宅途中であった。

　ワンボックス車は崩落現場後部の5メートル内部で被災した。138メートルは時速100キロで約7秒ほどで通過できる距離である。車で駆け抜け助かったNHK甲府の記者が、そのまま現地レポートをする映像を当

日確認しているが、その時点では娘の被災は知らずにいた。保冷車は発火せず、運転者は昼頃まで生存しており、上司に携帯電話で救助を求めるも、一酸化炭素中毒などで死亡した。ワンボックス車では、娘が圧死、他は圧死か一酸化炭素中毒死あるいは焼死である。一人は奇跡的に軽傷で助かった。車は 1200 度の高熱で燃え続けて、遺体の損傷がはなはだ

笹子トンネル天井板（撤去工事時、国交省HPより）

しく、後日の火葬時には検屍官から遺体を見ることを止められたほどであった。

　事故の原因は、建設後約 40 年弱（1975〔昭和 50〕年完成、1977〔昭和 52〕年供用開始）のトンネル天井板ユニットが、吊り下げるためのケミカル・アンカーボルトの劣化によって崩落したものである（ケミカルアンカーとは、化学反応を利用した接着剤によって、全ネジや異形鋼棒を固定するもの、接着剤アンカーボルト）。国交省内に設けられた事故調査委員会が、わずか半年後に報告を出すも、設計・施工・管理いずれも問題があり、複合的要因で崩落と報告する。しかし、事故を防げなかった組織の問題については一切触れない、全く無責任で不十分な報告書であった。事故後、アンカーボルト接着剤が十分に付着していないボルトなどが見つかっている。

遺族になること、遺族であり続けること

　事故当日、高速道路のトンネル天井板が大規模に崩落したというニュースは、朝のテレビ等で報道されていたが、自分たちの大切な娘がその被害者となって命を失ってしまったこと、命を奪われたことを、そ

事故車両（2013〔平成25〕年3月25日山梨県警塩山（えんざん）分庁舎にて筆者撮影）

の時の私たちは知るよしもなかった。

　その日の夕刻に事故の第一報を受けた際の大きな衝撃は、生涯、忘れることはない。山梨県警からの連絡を受けて、その夜、山梨県を目指して新幹線に飛び乗ったが、東京へ向かって走る新幹線の中で、車内に流れ、次々に克明になっていくテロップのニュース報道によって、事故の悲惨さと娘の命の帰らないことを思い知らされた。一睡もできないまま翌朝山梨県の甲府に到着し、捜査本部の方から、娘は焼死体となりDNA鑑定でしか死亡の確認ができないという説明を受けた。

　その後、12月8日に再び訪れた山梨で、棺に納められた娘の遺体と対面した。手足を焼失し、小さな塊となってしまっていたという遺体に、私たちは、かけられた被いの上から触れ、粛然と身を固くして言葉も失ったままであった。

　翌年1月下旬、天井板の撤去中に初めて事故現場を訪れたが、事故現場では、車の形にアスファルトが焼け焦げていた。また、同年3月には、山梨県警塩山分庁舎で、押しつぶされ、焼け焦げた事故車両の残骸を確

認した。これらの、事故現場のアスファルトや焼け焦げた事故車両といった事故の痕跡が、娘の死の悲惨さを私たちに突きつけてきた。

　娘は、兄妹二人の妹として高校まで兵庫県芦屋市で育ち、地元の公立校で小学校よりブラスバンドの活動に励んだ。高校までトロンボーンを、大学に入ってからは軽音楽部のビッグバンドジャズサークルでアルトサックスを演奏し、大学院 1 年終了後にドイツへ留学したときも、サックスを持参してすぐに当地のバンドに参加するなど、何事にも積極的に行動する娘として成長した。

　高校時代から音響工学を志し、大分大学・大学院・留学先のドイツで研鑽を積んで、希望していた音響工学エンジニアとして就職して 2 年目、まさに今から本格的に仕事に取り組んでいこうとするところであった。

　2011（平成 23）年 4 月の就職と同時に東京千代田区のシェアハウスに住み、同世代の住人と楽しく暮らしていた。シェアハウスの仲間と休日には旅に出ることも多かったようであるが、旅の途次でこのような非業の死を遂げることになるとは、誰にも想像できなかったであろう。

　また、地元東神田三丁目の町会に青年部の一員として加入して、様々なイベントに積極的に参加し、各地のお祭りにもそれぞれの町会の半纏を着て御興を担ぐなどして、地元の方々にかわいがってもらったようである。

　このような娘のこれから送るはずであった人生が、どれほど豊かで充実したものになったであろうかという無念の思いは、私たち遺族だけのものではない。娘に関わって下さった多くの方々に共通するものであることを、私たちは確信している。

　私たちの生活は事故以来一変した。日常の時間は止まってしまい、非日常の世界に放り込まれたままの状態で、周りの情景がすべて「悲しみ

の色」に染まってしまった。何を見ても、何を聴いても、いつも明るい笑顔で周囲の人々を幸せにしていたであろう娘がもうこの世にはいないという喪失感や悲しみが深まるばかりで、ふとしたことにも涙のあふれる日々が続いた。

　28歳の若さでこの世を去らねばならなかった娘の無念さを思うと、代われるものなら代わってやりたかった、というのが私たち夫婦の偽らざる心情である。事故により人生を断ち切られた娘の無念さは想像するに余りあるものであり、それは私たちの無念さと怒りを今でもかき立てずにはおかない。

　事故から何年かの間は、私たち遺族にとっては特につらい時間であった。遺体の確認から葬儀を経て埋葬するまで、そして弔問の方々をお迎えする日々の間に、何度涙を流したことか。その悲しみと喪失感の大きさや深さは想像を絶するものであった。自分の子どもの葬儀をし、お墓を建てるという、本来ならありえない行為に従事しなければならない悲しみには、計り知れないものがあった。

　そしてその時間はまた、私たちにとって、娘の28年という短い人生の、私たちが知らなかった空白の部分を埋めていく、あたかもパズルのピースを一つずつはめていくようなものでもあった。もし娘が生きていたなら、知り合いにはならなかっただろうと思われる方々と出会い、娘との関わりを聴くことで、娘の短くも充実していたであろう人生を少しずつ再構成する時間、それも、事故がなければ決して経験することのない非日常の時間であった。

　今も続く日常生活においては、常に娘の不在を痛感させられることの繰り返しである。娘の使っていた部屋にある娘の物はいまだに片付けられずに残ったままであり、本来ならば、そこに居るはずの存在が永遠に失せてしまったという痛切な思いが、繰り返し脳裏に浮かんでくる。それはもはや日常生活とは言えないものである。

　事故翌年の 3 月、私たちはそれぞれ長年携わってきた仕事を退職せざるを得なかった。

　子どもは親にとって「希望」である。私たちの命を受け継ぎ、次へ伝えていくという営みの中で、親は平穏に命を終えることができる。娘の命を奪っただけでなく、私たちの「希望」や「やすらぎ」を一瞬にして奪い去り、残された家族の運命を大きく変えてしまったこの事故に対して、私たちは深い悲しみだけでなく大きな憤りを覚えている。

「中日本高速道路」の責任と裁判

　失われた命は戻らない。そうであるならば、残されたものにできることは、死者の魂を弔うことと、二度と私たちと同じような悲しみを味わう人が現れないようにすることだと思う。それは、遺族にとっても事故を起こした当事者にとっても同じ命題であるはずだ。

　日本の近代化にとって、公共の利便性や快適さをもたらすインフラの充実は早急に求められるものであったが、それは安全を保障する様々な手立てがあってこそ機能するものだ。しかしながら、この事故は、その安全保障が、設計・施工の段階においても、維持・管理の段階においても、いかにおろそかにされていたのかを明白にしたのである。

　この事故は、高度経済成長期に急いで建設された日本の公共インフラが、いかに老朽化しているかを白日の下にさらし、社会に警鐘を鳴らす先駆けとなった。それだけでも、私たちの家族の痛ましい死が大きな意義を持っていると遺族は考えている。いや、そのように考えでもしなければ、私たち遺族や故人の無念さは救われようがないのである。

　笹子トンネルを通過していて事故に遭ったのは私たちの家族であるが、この事故の犠牲者には、ここを利用する可能性のある誰がなってもおかしくはなかった。それほど、インフラの老朽化による事故は、誰にでも

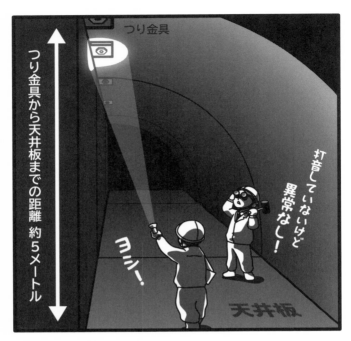

起こりうる可能性のあるものである。

　事故を起こした中日本高速道路（「NEXCO中日本」、以下「ネクスコ」）は、民事裁判（2013〔平成25〕年5月、ワンボックス車被害者遺族が横浜地裁に提訴）の答弁書において、「使用者責任はない」と主張した。つまり、維持・管理の落ち度はなかったというわけだ。そうであるならば、なぜ、笹子トンネルの天井板は落下したのか。老朽化に対する点検をし、補修していれば明らかに落下は防げたはずである。

　具体的には、劣化の予想される天井板を撤去せず（2009〔平成21〕年に撤去の計画を立てたが、後に取りやめ）、2012（平成22）年6月に詳細点検（天井板の上に足場を組み、近接目視や触診、打音検査などを行う）をするはずが、足場も組まず真っ暗な天井板の上を歩いて手に持ったライトで照らして、双眼鏡で目視するだけの簡易点検に変更したのだ（簡易点検の実施は

2012〔平成 22〕年 9 月）。そしてそれを「近接目視」そのものであると裁判では主張した。なお、天井板の上部の詳細点検は道路公団時代の2000（平成 12）年 6 月に行われたのを最後に、12 年間全く実施していない。

　本来実施すべき詳細点検や補修をせずに、点検・補修の問題を先送りにし、この大惨事を引き起こしたネクスコの責任は明白であり極めて重大なものである。それを認めないのはあまりにも無責任と言わざるを得ない。

　ネクスコは、事故を予測することができなかったと主張したが、コンクリート製の極めて重い天井板の崩落する事故が起きる可能性を予測できないはずがない。2006（平成 18）年には同種構造の天井板崩落事故（アメリカ　ボストン・ビッグディック事故）が起こっている。建設後 40 年近く経っている重いトンネル天井板が老朽化していないはずはないこと、老朽化した重い天井板が落下したら大惨事になるはずであるということが、どうして想像できないことなのか理解に苦しむ。

　このようなネクスコの主張は、東日本大震災の大津波を、「想定外」として罪を逃れようとする東京電力の姿勢と全く同じものである。

　東京電力もネクスコも、いわばその道のプロフェッショナルであるわけだから、ネクスコにおいては、自らが維持管理する笹子トンネルの設計・構造を把握し、あらゆる事態が起こる可能性に対処する責務があり、「予想外」「想定外」という無策において、尊い命を奪ったことについて責任がないはずがない。

　娘が亡くなった後に、娘の多くの友人たちから、大学・大学院、シェアハウス、職場等での充実した生活ぶりを聴く度に、娘の命を一瞬にして奪ったネクスコの重大な過失を許すことはできないという思いが募るばかりである。

　ネクスコは、事故後に「安全性向上に関する三カ年計画」を策定し実施した。もちろんそれは厳密に着実に実施されるべきものであるが、ひるがえすと、この事故が起こる前までは、そのたぐいの計画が策定され

ていなかったことを意味している。その自らの無責任や怠慢を棚に上げて、終始訴訟で争う姿勢をとったネクスコの態度は言語道断である。

　民事裁判においては、横浜地裁がネクスコの点検を怠った過失を認め、慰謝料・逸失利益等の損害賠償を支払うよう命じて、私たち遺族は勝訴し（2015〔平成27〕年12月）、ネクスコも控訴せずに判決は確定した（2016〔平成28〕年1月）。つまり、ネクスコは自分たちの主張が認められなかったにも関わらず控訴しなかったという態度において、間接的に自分たちの過失を認めたのである。

　また、会社だけでなく、親会社・子会社の役員4名を、私たち遺族は刑事告訴（2013〔平成25〕年2月）・民事提訴（2014〔平成26〕年2月）した。その民事裁判において、役員たちは会社と同じく、「天井板崩落は想定外」と言い続け、「事故が起こるまで笹子トンネルの構造すら知らなかった」と言い張った。公共インフラを預かる大会社の経営者がこれほど無責任では、国民の命はいくつあっても足りない。民事裁判は最高裁まで行ったが、上告は棄却され（2017〔平成29〕年5月）、結局役員たちの事故に対する「具体的予見可能性」が立証できないということで過失責任は認められなかった。

　刑事告訴においても展開の構造は同じであり、役員たちの「具体的予見可能性」が立証困難ということで、甲府地検は不起訴とした（2018〔平成30〕年3月）。私たち遺族は、甲府検察審査会に審査を申し立てたが（2018〔平成30〕年8月）、2019（令和元）年7月に現場責任者2名の「不起訴不当」以外は、すべて「不起訴相当」となり、役員たちの責任を問う手段は潰えてしまった。そして再捜査の結果2020（令和2）年4月に現場責任者も甲府地検が不起訴処分とし、笹子トンネル事故の司法による裁きと真相解明は不可能となったのである。これが現在の日本の司法の限界を見事に語っていることは言を俟たない。

国の責任

　この事故は、日本のインフラ設備に関する安全保障が、設計・施工の段階においても、維持・管理の段階においても、極めておろそかにされていたことを明白にした。このことは、日本という国が経済発展を追求するに急であるあまり、とにかくインフラ設備を造れば良いという安易な発想に終始し、一人ひとりの人間を大切にするという思想に欠けた国となり果てていたことを物語っている。

　この事故については、設計・施工をした企業や、維持・管理を行っていたネクスコのみならず、許認可をした国にも大きな責任があるものと私たち遺族は考えている。

　すなわち、笹子トンネルは、旧建設省（現在の国土交通省）の監督下のもと、日本道路公団という国の組織において建設・管理されていたものである。このような笹子トンネルの天井板が崩落して国民の命を奪ったことについて、いまだに国から何ら責任ある態度が遺族に対して示されていないということは、国の国民の大切な命に対する重大な冒涜であると考える。

　あえて言えば、私たち遺族にとっては、国は、ネクスコという会社に事故の責任を押しつけて、我関せずの姿勢を取っているように感じられ、このような国の無責任な態度について、大きな疑問や怒りを感じずにはおれない。もし、国も「想定外」という一言で免責されようとしているのであるとすれば、国が一人ひとりの国民の命を守るという重大な使命を放棄していると言わざるを得ない。

　私たち遺族は、国家賠償請求という手段で国の責任を追及したいという気持ちもあったのだが、裁判の長期化が予想されるために断念せざるを得なかったことはまことに心残りである。

組織罰について

　事故をきっかけに、私たちは「組織罰（法人罰、企業罰）」の考え方を知るようになった。「組織罰」というのは、組織（法人、企業など）が安全対策を怠るなど、組織の不備や法令違反が原因で死亡事故が起きた場合、個人だけでなく組織にも刑事責任を問う考え方である。

　私たちは、自宅が兵庫県にあり関西方面であるということもあって、JR福知山線事故の遺族や代理人弁護士を通じて、2014（平成26）年はじめに「組織罰を考える勉強会」に誘われて参加し、2016（平成28）年には「組織罰を実現する会」として活動することになった。

　勉強会などを通じて、現在の日本の刑事裁判に関する法制度等を学ぶにつれ、企業の重大な過失に対して、企業に対する罰を科していく必要性を痛感している。そうしなければ、人命に関わる大きな事故を起こしても、誰も責任を取る者がいないという不合理が生じ、企業も最低限の損害補償をするだけで免責されてしまうということに甘えて、十分な再発防止策を講じる意識が薄れてしまうのだ。

　JR福知山線の事故に関して、JR西日本の歴代社長が業務上過失致死傷罪で強制起訴され、裁判になったが、結局最高裁判決（2017〔平成29〕年6月）では、代表者に危険性の認識はなかった、つまり「具体的予見可能性」はなかったとして無罪判決が確定してしまった。しかし、「組織罰」があれば、JR西日本という法人自体については、刑事責任を問うことができたはずだ。

　私たちは、JR福知山線事故の遺族をはじめ、他の事故の遺族や法律家・学者の方々とも連携・協力して、今後も社会的な運動として、組織罰の制定を求めていく活動を継続する決意をしている。

遺族としての願い

　笹子トンネル事故による娘たちの命という大きな犠牲によって、ようやく日本のインフラ老朽化の問題に注目が集まり、それなりの対策がとられ始めた。

　ずさんな許認可や工事そして管理、つまり、安全に対する想像力の絶対的な欠如による理不尽な事故によって大切な命が奪われたことを、事故を起こした当事者をはじめすべての方々に、ぜひ自分の身に起こったこととして考えていただきたい。

　このような理不尽な事故によって、自分が大切にはぐくんできた子どもの命が失われたとしたら、嘆き悲しみ憤るのではないか、事故の原因やその罪を追及しようとするのではないか。一人ひとりの方に、このような形で問いかけることは僭越なことかもしれないが、私たち遺族としての切実な思いをぜひ受け止めていただきたいのだ。

　この事故についての一連の訴訟や裁判は、失われた若者の命とその人生の可能性や未来の意義を問うものであり、私たち遺族の失われた人生の意義を問うものであった。司法や当該企業あるいは国は、それらをどのように考えるのか、理不尽な事故によって失われた命の重さを、司法をはじめすべてのものがどのように考え判断するのかが試された事例だったのだ。

　私たちは、事故の遺族として、事故原因の究明、責任追及、再発防止を目標にして訴訟に取り組んだ。私たちは、娘たち犠牲者の魂がいつまでも安らかであること、社会的正義が貫徹されることを心から願っている。この事故を教訓として、今後このような悲惨な事故が二度と起こらないこと、同じ悲しみを味わう遺族が二度と現れないことを祈るばかりである。

（まつもと・くにお、まつもと・かずよ）

［軽井沢スキーバス事故］
あの日から

田原義則
軽井沢スキーバス事故遺族

残酷な通告

　2016年1月15日、あの日の朝、軽井沢警察署から電話を受けたのは妻だった。

　「遺体の確認に来てください」目の治療で入院していた私は、スキーバスが転落した痛ましい事故のニュースを早朝から見ていた。次男・寛（かん）が同じ方向にバスでスキーに行くことは聞いていたが、「まさか乗ってないやろね」とLINEでやり取りをしていた妻と私は、その残酷な通告で奈落の底に突き落とされた。

　その後、軽井沢までの電車移動で4時間あまりを要しているがよく覚えていない。今でも鮮明に残っているのは、寒い遺体安置所で、眠っているような寛の顔と「起きて！　起きて！」と叫ぶ妻の声。手で温めると本当に起きてきそうな気がした。

　夜は軽井沢のホテルに泊まったが、家族連れで賑わう観光地は、家族を突然失った悲しさを増してとても辛いものだった。また、当日の報道関係者の多さに強烈な印象を受け、大事故の当事者になった自分たちにとまどい、悲しみが輪をかけて襲ってきた。

冷静な言葉

　翌日になっても息子を失った現実を受け入れられずにいたが、そんな

中、被害者支援センターの弁護士と面会できたことで、気持ちに少し変化があったことを覚えている。

「遺族どうしで話をするために連絡を取り合うことが可能ですか？」

自然とそんな冷静な言葉が出ていた。

その理由は、事故を起こしたバス会社や旅行会社の対応にあった。事故当日も翌日も現地に姿が見えず謝罪もなし。宿泊の手配等、何らケアされることはなかった。今後いろいろと争うことになる会社であるだけに一筋縄ではいかない相手と感じ、遺族で連携し団体で行動する必要があると思った。

これが、遺族会（現 1・15 サクラソウの会）発足のきっかけとなった。

後でわかったことだが、この事故は今世紀に入ってわが国で起きたバス事故の中で、犠牲者の多さという点で最悪のものだった。運転操作を誤ったドライバーの責任はもちろんだが、杜撰な運行管理に終始していた会社の責任は極めて大きいように思う。

通夜式

事故 4 日後に大阪府吹田市で行なった通夜式には、寛の幼少時代や小・中・高校の友人、さらに東京から大学の先生・学生にも参列いただいた。お通夜の挨拶で語った言葉

「突然家族を失った悲しみはこれからずっと消えることはないが、せめて子どもたちの死を無駄にしたくない。二度とあんな悲惨な事故が起こらない社会にできれば……」

知人からはとても気丈だと言われたが、遺族会の活動はそこから始まっていた。

第1回遺族会

　事故から一カ月経たない２月初めに、第１回の遺族会を開催。最初は遺族同士で顔を合わせるだけでも十分だった。参加されるご遺族も徐々に増え、半年後には全家族と連絡を取れるようになり、同じ思いを共有できることで、少しでも前を向けたと思う。

　遺族会で同じ思いを共有し合うだけでも十分であったが、春先になる頃、再発防止に向けた活動の相談も徐々に行うようになった。悲しみに暮れる遺族が勇気を振り絞り、弁護団助言を受けながら、遺族会独自の再発防止策を国土交通省へ提言し、軽井沢スキーバス事故を受けた総合的な対策にも一部反映された。通夜で息子に誓った「子どもたちの死を無駄にしない」ことへ少し近づいたと言えるが、現在でも実効性の面では不十分な項目もあり、すべてが完了するまで提言を続ける必要があると思っている。むしろそれが遺族の役割でもあると思っている。今後も国交省との意見交換会を継続していきたい。

慰霊碑の建立

　事故発生から５年が経った今、自らを振り返ってみると、気持ちは「あの日」と何ら変わっていない。通告を受けた直後のことを思い出すと悲しさがこみ上げる、これは一生続くものと覚悟している。

　ただ、そんな中でも前を向かねば、といつも自分に言い聞かせている。

　事故発生５年目の節目にも、息子の友人が現地へ献花に訪れてくれた。一緒にバスに乗っていた大学の友人４人である。

　「寛と一緒に大学卒業したかった」「楽しい思い出が徐々に消え、事故の悲しい記憶だけが残るのがつらい」。被害者やその遺族だけでなく、

負傷者も一生、心に傷を残す。

　だからこそ、「二度とあんな悲惨な事故は起こしてはならない」という思いが一層強く込み上げる。

　2018 年 5 月、事故現場の歩道に慰霊碑『祈りの碑』を遺族会の手で建立した。

　亡くなった子どもたちへの慰霊と交通安全・再発防止への願い。遺族全員の思いが込められている。

起訴発表

　2021 年 1 月　ようやく長野地検より公判請求（起訴）が発表されたが、責任の所在は、これから始まる公判で明らかにする必要がある。あれだけのバス運行管理違反を起こしていた会社なのに、5 年経っても組織に責任があったのかどうかが明確になっていないことは、遺族としてとても耐えがたく、再発防止が完結できていないことも気に掛かる。

　重大事故に両罰規定（組織罰）が適用されれば、もっと早く結論が出るはずではないだろうか。

　息子は夢になかなか出てこない。事故から 2 回ほどだけだったが、最近突然、寛が夢に出てきた。5 年も経って事故をまだ現実のものと受け入れていない自分がいたのかもしれない。そんな私に「もっと前を向いて！まだまだやることはあるよ」と言い聞かせているように感じる。

　そんな息子の意思を継ぎ、遺族として出来ること『再発防止に向けた働きかけ』と『責任の所在明確化の要望』を引き続き進めていきたい。

　息子に夢で報告出来る日が来ることを信じて。

（たはら・よしのり）

被害者らの共通した想い

坂本　哲

大阪弁護士会犯罪被害者支援委員会

1　はじめに〜組織事故等の被害者らの想いを聴いて

　私は、2006（平成18）年、弁護士登録以来、様々な事故や犯罪の被害者やその家族の話しを聴かせていただき、以下のことがわかった。つまり、事故等で人が突然亡くなった場合、その人の家族、さらに同じ家族の中で個々人の想いは、完全に同じとは言えないものの、家族の想いは、概ね、同じようなものとなるのである。

2　被害者家族の共通した想い

　事故等で家族が突然亡くなった場合、被害者の家族は、ほとんどの場合、「気分の落ち込みが続く」「イライラ、ムカムカする」「わけもなく涙が出る」「うれしいとか悲しいとか感情が感じられない」ようになる。さらに、その後も「よく眠れない」「夜中に何度も目がさめる」「朝、起きられない」「なんとなく体がだるい」「息苦しい」「頭やおなかが痛い」「何もやる気がしない」「人と離れて、誰とも関わらないようにしたり、引きこもる」「対人関係がギクシャクしてしまう」「他者が信頼できなくなり、孤立する」「特定の人や場所や物を避ける」「学校や会社に行けなくなる」「一人で外出できなくなる」などの状態が、いつ終わるともなく続く。

　このような状態においても、被害者家族の想い（願い）は、被害者に

1分でいいから、もう一度、会いたい、会って、お別れを言いたい、というものに尽きる。

　以下に述べる、「その他の想い」は、この願いが到底叶わないものであること自覚した後に、湧いて出てくる。

　その「その他の想い」とは、まず、

　⑴　なぜ我が子、我が親、我が兄弟姉妹は亡くならなければならなかったのか、なぜ他の人ではなく、愛する我が家族なのか、を知りたいというものである。

　一般に、『安全神話』と呼ばれるものがある。これは、自分が正しい行いをしておれば、事故や犯罪に遭うことはない、というものである。

　この神話が一般市民の間に無意識に広く流布しているために、事故等の被害に遭った人を見ると、周囲の人間は、被害者が何かしたから、被害者に何か落ち度があったら、事故や犯罪に遭ったのではないかと思ってしまうことが多い。また、この神話があるために、被害者の家族も、一方で、自分が被害者となった家族に対し、事前に何らかの働きかけをしておれば被害者は事故等に遭わなかったのではないか、あるいは、自分が家族（被害者）を守ってやれなかった、と自分で自分を責め、他方で、多くの場合、無意識に、自分の家族である被害者にも何らかの落ち度があったのではないか、だから、事故等に遭ったのではないか、と考える。

　そこで、被害者家族は、なぜ自分の家族が亡くならなければならなかったのか等々、事故等の全体像を知りたいと想うことになる。

　ところが、事故や犯罪（以下「事件」と言う。）の真の全体像、特に、被害者家族が知りたい事実の探求は極めて困難である。というのは、①事件に関する情報のほとんどが加害者側にあるからである。さらに、②被害者の家族が知りたい事件の真相を探求してくれる法制度もないのがわが国の現状である。たとえば、加害者を被告人とした刑事裁判、さらに事件を引き起こした加害者や加害企業に対しての損害賠償請求裁判（民

事裁判）では、加害者らの行為が犯罪に該当するか、加害者らに損害賠償責任があるか否かの判断に必要な限度で審理を行い、明らかにするにすぎない。つまり、たとえば、被害者が、事件発生時、なんのために事件現場にいたのか、亡くなる前の最後の言葉は何だったのか等々は全く明らかにならないまま裁判は終わるである。

そこで、被害者家族は独力で、裁判等では明らかにされない事件の真相に迫るしかない。

しかし、多くの場合は真相の解明は極めて困難であり、ほとんど場合、被害者家族は、真相の解明を断念せざるを得ない。

そこで、次に、

⑵　家族が亡くなったことに責任のある者に、責任を負って欲しいとの想いに至る。

ところが、（ア）加害者に対して損賠賠償請求をする場合、被害者家族が加害者の過失を主張立証しなければならない。これは、上記のように、事件に関する情報がほとんど加害者側にあることからすると、簡単ではない。そこで、被害者家族が加害者の処罰を求めるとしても、（イ）加害者の処罰手続（刑事手続）は、被害者の家族の想いとは無関係に進んでいく。つまり、刑事手続は、もともと被害者の想い（処罰感情）を実現するためのものでない上に、さまざまな証拠法上の制約等があって、被害者家族の想いを実現されないことが多いのである。

以上のように、被害者家族の想いは概ね決まったルートを辿るのであるが、その想いの実現にはさまざまな壁が立ちはだかる。これが現実である。

··著者プロフィール
坂本 哲（さかもと・さとし）　大阪弁護士会犯罪被害者支援委員会所属。

Q&A　組織罰とは何でしょうか

安原　浩
組織罰を実現する会顧問・弁護士

Q1 組織罰のイメージがつかめません。具体的にはどういうものですか。

A1 組織罰という言葉を初めて耳にする方が多いと思いますが、簡単にいうと、安全管理上の過失により人の死亡という重大な結果を発生させた企業・団体（組織）には高額の罰金を科すなどして、安全管理の重要性を認識させ、2度と同様の事故を起こさせないように対策を迫る、という新たな制度です。

　この制度により、企業は安全管理を徹底しないと経営上大きなリスクを負うことになり、悲惨な事故の発生が抑制できると期待されます。

　しかし、我が国では、これまで、このような考え方で作られた法律はありません（もっともいわゆる公害罪法4条、5条^(注1)には似たような考え方が反映されています）。

　私たちは、この制度の実現のためには新たな立法が必要と考えています。

注1　人の健康に係る公害犯罪の処罰に関する法律（公害罪法）
4条　法人の代表者又は法人若しくは人の代理人、使用人その他の従業者が、その法人又は人の業務に関して前二条の罪を犯したときは、行為者を罰するほか、その法人又は人に対して各本条の罰金刑を科する。
5条　工場又は事業場における事業活動に伴い、当該排出のみによつても公衆の生命又は身体に危険が生じうる程度に人の健康を害する物質を排出した者がある場合において、その排出によりそのような危険が生じうる地域内に同種の物質による公衆の生命又は身体の危険が生じているときは、その危険は、その者の排出した物質によつて生じたものと推定する。

その具体的な内容は以下のような簡潔なものです。

① 対象は、従業員の業務中の過失により人の死亡を伴う重大事故を惹起した企業・団体（重大事故に限定します。また団体には、法人化していない組織、国・地方公共団体などの公的機関も含みます）。

② 業務中の従業員の過失は雇用主の企業・団体の安全管理の不徹底に起因すると法律上推定し、罰金刑などを科します（被害者遺族側が企業・団体の安全管理上の過失を立証する必要はありません）。

必要に応じて企業に対し保護観察（安全管理規定の制定や実施状況の報告を命じる）制度の導入も考えます。

③ 企業・団体が、安全管理を尽くしていたことを立証した場合は免責されます。その場合には、もっぱら従業員の過失により発生した事故であることを企業側が立証する必要があります（立証責任の転換）。この規定により事故原因の解明が刑事裁判おいても可能となります。なぜなら、企業側が当該事故がもっぱら従業員の過失により発生したことを立証するためには、事故原因の分析が不可欠となるからです。すでに労働基準法121条1項[注2]には類似の規定があります。

④ 罰金額は、企業・団体に対し、安全管理に対し配慮を尽くさなければならないとの感銘力を与えるに足りる額（資本金や資産額等を参考とする）を上限とする（後記のように経済法分野ではすでに億単位の罰金刑が定められた法律があります）。

注2　労働基準法121条1項
　この法律の違反行為をした者が、当該事業の労働者に関する事項について、事業主のために行為した代理人、使用人その他の従業者である場合においては、事業主に対しても各本条の罰金刑を科する。ただし、事業主（事業主が法人である場合においてはその代表者、事業主が営業に関し成年者と同一の行為能力を有しない未成年者又は成年被後見人である場合においてはその法定代理人（法定代理人が法人であるときは、その代表者）を事業主とする。次項において同じ。）が違反の防止に必要な措置をした場合においては、この限りでない。

Q2 なぜ、組織罰ような制度の創設が必要なのですか。

A2　それは、日本の企業風土があまりにも利潤追求に走りすぎ、安全管理が軽視されている現状があるからです。

　一例をあげますと、乗客106名が死亡し、493名が負傷した2005（平成17）年4月25日のJR西日本福知山線脱線事故（以下、福知山線事故といいます）があります。

　この事故でJR西日本の経営者幹部に対する刑事事件はすべて無罪となりましたが、山崎鉄道本部長（事故当時）に対する一審判決（神戸地裁2012年1月11日判決 LEX/DB25480439）では、同本部長個人の責任の有無とは別に「本件事故後の視点からすれば、JR西日本の曲線に対する転覆のリスクに対する分析評価と安全対策は、我が国を代表する鉄道事業者として期待されるような水準には及んでいなかったというべきである。」と、同社の安全対策に対する意識の不十分さを厳しく指摘しています。JR西日本はこのような指摘を受けて安全対策を全社的に強化したはずです。

　ところが、それから約12年後の2017（平成29）年12月11日、JR西日本は同社所有の新幹線車両の台車に亀裂が生じ、異音が発生していたにもかかわらず、そのまま運転を継続させた、という重大インシデントを発生させました。そして、その原因対策を検討する第三者機関「有識者会議」から、「今回の重大インシデントの発生で、未だ組織全体が安全最優先のそれに転換できていないことが明らかになった」と、またもや指摘されたのです。

　このように、日本の代表的企業の一つでさえ、公的機関から安全に対する意識の低さを繰り返し指摘を受け、非難されている状態です。

　東京電力福島第一原子力発電所の事故についても、同じような問題が指摘できます。

　また、それぞれ直接の原因は異なりますが、笹子トンネル天井板崩落事故や軽井沢スキーバス転落事故、関越自動車道高速バス事故や最近の誤って睡眠薬を混入させた小林化工事件などについても、企業の安全管理の不徹底が背景にあるといえます。

Q3　企業の社会的責任を問うために、なぜ現在ある制度で十分ではないのでしょうか。

A3　資本主義社会においては、企業は利潤追求により存続あるいは発展し、それが社会に多大の貢献をしているわけですから、利益追求（団体については設立目的の追求）自体は正当なものです。

　それでは、同じ資本主義の諸外国でも、利益追求のかけ声のもと、企業の安全管理は軽視されているのでしょうか。

　そうではありません。

　欧米諸国では、そのような企業に対し、様々な厳しい制裁が課せられる制度が確立しています。法人に莫大な罰金ないし制裁金を科す、企業名を公表する、再発防止策の策定を義務づけ、しかもその後の履行状態の監視する、懲罰的民事賠償を科すなどの制度がそれです（詳細は、本書収録の川崎論文参照）。

　このように先進国では、重大事故を起こした企業の社会的責任を厳しく問う姿勢が確立し、社会の安全を守ろうとしています。

　ところが日本では、事故の直接責任者の従業員とともに、その雇用主を処罰する規定（両罰規定といいます）がたくさんありますが、その罰金の上限額はとても低く企業が痛痒を感じる額ではありません。

　少し事例が違いますが、電通社員だった高橋まつりさんが過労自殺した事件について、労働基準法違反の両罰規定で起訴された電通に対する罰金額（東京地裁 2017 年 10 月 6 日判決）はわずか 50 万円でした。大企業

に対しこの程度の罰金額では刑罰の効果がないといっても過言ではありません。

　日本の企業は、会社の責任で発生した事件・事故について、その責任を厳しく問われないという意味で、甘やかされているのです。

　これでは、企業の安全管理の不徹底から悲惨な事故を発生させても、その後も十分な対策はとられず、重大事故を再発させる危険性が残ってしまう、という怖い状態が我が国では続いているのです。

　しかし、現代ではこのような甘えは許されないといえるでしょう。

　かつて、藤木英雄東大教授（故人）は、「科学技術の成果のもたらす大きな災害事故、交通事故、産業廃棄物による公害、工場等の爆発事故、建築事故、さらには医療事故、薬品や食品の事故など、各種の災害事故という災厄を防止するために、－中略－事前規制の網をくぐって発生する現実の危害に対しては、将来を戒めるという趣旨で、刑罰を用いることも必要である。（中略）（刑法の過失犯関する規定は）単なる個人行動ではなく、システム化され組織化された活動として行われる企業活動のもつ破壊力から共同生活の安全を守る、ひとつの重要な手段としての役割を担わされることになったのである。」と主張されました（藤木英雄編著『過失犯──新旧過失論争』〔学陽書房・1975 年〕13 － 14 頁）。

　かなり前の論説ですが、まさに現代の社会にも当てはまる正論です。すなわち現代の日本社会には組織罰が必要といえます。

Q4 組織罰創設に反対する意見には、どのようなものがありますか。

A4　このような罰則の新設に消極的な意見も根強いと考えられます。

　ひとつは、組織罰の創設は企業や団体に安全管理のために多額の投資を行わせ、本来の企業活動の停滞や経営者の萎縮を招き、ひいては日本

社会の発展が損なわれるおそれがある、というものです。

しかし、脱炭素社会の実現に向けた議論の風向きが変化したように、安全管理に向けた投資は新たな事故防止技術の革新を加速させる側面があり、決して後ろ向きの投資とはいえません。

そして何よりも大切なことは、個人とともに企業・団体にも、同じ社会に生きる者としての社会的責任があるということです。

すなわち、企業活動の結果、社会に多くの利便がもたらされ、多大な利潤が得られる反面、社会に対して重大な危害を及ぼす危険のある企業活動を行っている場合には、事前に十分な事故回避措置をとっておくのが共同社会の一員である企業として当然の責任であり、賢明な経営者のとるべき態度であるといえます。

組織罰は、企業が共同社会の一員とし発展永続するために、むしろ必要であるといえます。

最近、企業コンプライアンスの強化が叫ばれ、企業の社会的責任を積極的に果たそうとする経営者が増加していますが、組織罰はこのような流れを支援するものです。

もう一つの反対論として、悲惨な事故の再発防止のためには原因究明こそが最重要であり、真相究明のためには刑事免責制度などにより、関係者から処罰されるのではとの心配を取り除いて正直な話をしてもらうことが大切だ、従って組織罰創設はその障害になるから反対だ、というものです。

たしかに傾聴すべき意見とは思いますし、組織罰を実現する会でも再発防止のためには事故原因の真相究明はなにより必要と考えています。そこで、われわれはその問題を **Q1** ③で指摘したような立証性責任の転換で解決しようと考えているのです。

つまり、企業団体側に免責と引き換えに安全管理義務を尽くしたことを立証させる制度を目指しています。そうすると企業側の立証には事故

原因の分析が不可欠となりますから、事故原因の究明に資することになるのです（このように原則として企業側の過失を推定する規定は、前記の公害罪法５条に取り入れられています）。

Q5 | 組織罰は、遺族だけに必要なものでしょうか。

A5　以上のように、システム化され組織化された活動として行われる企業活動のもつ巨大な破壊力から、共同生活の安全、すなわち、われわれと家族、友人、知人の大切な命を守るために、安全管理を軽視する企業や団体に対しては厳しい刑罰が必要といえます。

　すなわち、過去の事故の被害者遺族だけではなく、将来いつどのような事故に遭遇するかもしれない全ての人々のために、また、かけがえのない命を守るためには組織罰創設が必要なのです。

　企業活動と科学技術の高度化に対し、企業の安全意識が低く、事故抑制技術や理論が決定的に遅れている日本社会では、だれしも突然重大事故に遭遇する心配は、決して杞憂ではありません。

　現実に被害に遭われた遺族方々の思いは、個人的な悲しみ、悔しさにとどまらず、人生を一瞬にして暗転させ、一生消せない深い心の傷を負うような体験を、他の人たちに決して味わわせたくない、との痛切な願いの気持ちが強いのです。

　社会の共同生活の安全を確保する責任がある国は、一刻も早く、大規模重大事故の発生を未然に抑制するため、企業活動の安全管理を一層徹底させることを目的とする法整備、すなわち組織罰の立法化を一刻も早くはかるべきではないでしょうか。

Q6　事故を抑制するために、組織罰だけで十分でしょうか。

A6　われわれの主張している組織罰創設の実現には、二つ方法が考えられます。

　一つは、刑法典を改正して、自然人と共にこれまでにない法人処罰の要件と刑罰を定める規定を新設する方法です。組織罰の関係では、法人の安全管理義務違反を処罰する規定ということになります。

　しかし、刑法典改正には多くの議論と年月が必要ですし、肉体も精神も持たない法人を自然人と同様に考えて処罰できるのか、という根本的疑問も解決しなければならないという高い壁があります。

　そこで二つ目の方法は、すでに存在する両罰規定の活用を考えるという方法です。

　前にも触れましたように、事故発生の引き金となった現場の労働者とともにその雇用主や企業に罰金を科す制度（両罰規定──この点の詳細は、本書収録の郷原論文参照）はすでに多数存在しています。従って、死者が発生した重大事故に限り、過失の認められる従業者とともに企業にも罰金を科す制度は、格別目新しいものではなく、組織罰を新設することに法律上の問題点はありません。前記のような深遠な刑法理論の争いに巻き込まれることもありません。

　しかし、前にも触れましたように電通事件で、労働基準法の両罰規定で起訴された会社に対する罰金刑はわずか50万円でした。これは命の尊さを軽視している額といえます。

　すなわち、これまでの両罰規定の罰金額の上限は、低額で企業活動に痛痒を与えるものではありませんでした。

　これに対して、企業活動にリスクを感じさせるだけの高額の罰金（例えば、資本金額や企業の前年度の資産額を上限とするなど）を科せば、企業は安全対策に十分な人の配置と投資をせざるを得なくなり、重大事故の発

生が抑制できると考えられます。

　経済犯罪では一部ですでに両罰規定に多額の罰金刑が導入されています（独占禁止法では罰金最高額は5億円、金融商品取引法では7億円となっています）。

　組織罰の制度は、利潤獲得のために企業活動の拡大と高度化をはかる企業に対し、重大な警告となるはずです。

　リニア新幹線の入札工事の談合事件での大手ゼネコン各社のあわてぶりは、厳しい刑罰をなんとか免れたいとの思惑が如実に現れています。

　われわれも刑罰のみで、事故抑制が簡単にできるとは考えていません。

　しかし各種の行政規制、規制違反企業名の公表、安全管理の実施を監視する保護観察制度、民事懲罰賠償等種々の対策とともに、組織罰創設も一つの有力な方法と考えています。

Q7 「組織罰を実現する会」は、具体的にどんな活動をしているのでしょうか。

A7 組織罰を実現する会のメンバーは寒風吹きすさぶ中、あるいは猛暑の中でも駅頭などに立ち、通行する多くの人たちに組織罰の必要性を訴え、宣伝ビラを配り、署名をお願いするとともに、公開シンポジウム、講演会等を開催、ホームページの開設等をしております（活動の詳細については、本書収録の津久井論文参照）。

　メンバーは主に、福知山線事故や笹子トンネル事故などにより、大切な家族を失った遺族の方々とその支援者たちです。2017（平成29）年4月8日に当会が開催した東京シンポジウムには、関越自動車道高速バス事故の遺族の方、軽井沢スキーバス転落事故の遺族の方々も参加され、賛同の意向を表明されました。

　また、そのシンポジウムでは、軽井沢スキーバス転落事故でゼミ生を

４人失われた尾木直樹法政大学教授（当時）からも、そのときの驚き、悲しみ、負傷した学生らが今なお自責の念に苦しんでいる様子などのお話とともに、組織罰創設に強いご支援のお言葉をいただきました。

　駅頭などの活動の結果、組織罰創設に１万人以上の皆さんの賛同署名をいただき、2019（令和元）年12月16日法務大臣に提出しております。

　まだまだ十分とはいえず、ビラに全く関心を持たれない方、署名簿の前を足早に通り過ぎる方も少なくなく、世間の関心を広く集めているとまではいえないのが現状です。今後、立法のため国会を動かすことの必要性も痛感しています。

　しかし、遺族の方々は、そのような厳しい現状の中でも、諦めず今後も粘り強く運動を継続しようとしています。

　それは、肉親を失った悲しみや悔しさ、怒りは、年月の経過のみによって自然に薄れていくものではないからです。誰しも、発生した悲しい結果をいずれは現実のものとして受け入れざるを得ないことは間違いありませんが、残された遺族にとっては、事故を発生させた側の誠意ある謝罪や賠償、事故原因を究明した上での再発防止策の実現など、家族の死が全くの無駄ではなかった思える場合には、時の経過が遺族の思いを和らげることはあり得ます。

しかしながら、企業側が、遺族に納得できる対応をしなかった場合には、遺族の思いは時の経過によって和らぐどころか、かえって強まるともいえるのです。

　それほど家族の命は、遺族にとって大切で重いのです。

　組織罰を実現する会はこのような思いを原動力にしています。

　多くの方々のご支援をいただき、是非組織罰を実現したいと考えています。

　電子署名を現在も募っておりますので、どうかご協力をよろしくお願い致します。

···著者プロフィール

安原 浩（やすはら・ひろし）　組織罰を実現する会顧問。弁護士（兵庫県弁護士会所属）。1966 年、東京大学法学部卒。司法研修所 20 期終了。1986 年、広島地裁判事補任官。名古屋地裁、東京地裁、大阪高裁などを経て、2008 年松山家裁所長で退官。主な関与判決に、ボランティア活動を量刑に反映させた事件 1996 年 10 月 11 日神戸地裁姫路支部判決、信楽高原鉄道事件 2000 年 3 月 24 日大津地裁判決がある。

主な著作として、「裁判主体を変える裁判員裁判に期待する」季刊刑事弁護 56 号（2008 年）、「司法制度改革と最高裁判所」法律時報増刊号（2011 年）などがある。

諸外国の動向から見た日本の法人処罰（組織罰）

川崎友巳

同志社大学教授

1　法人処罰（組織罰）をめぐる海外の動向の概観

　20世紀末ごろから今日に至るまでの諸外国の法人処罰（組織罰）をめぐる動向には、目を見張るものがある（**巻末表**参照）[注1]。たとえば、かつて、ほとんどの国が、法人の刑事責任を否定し、個人のみをその対象としてきたヨーロッパでは、1994年のフランスを皮切りに、1999年にはベルギーが、2001年にはイタリアが、2002年にはポーランドが、2003年にはスイスが、2004年にはクロアチアが、2006年にはルーマニアが、2007年にはポルトガルが、2008年にはセルビアが、2010年にはスペイン、スロバキア、ルクセンブルグが、2012年にはチェコが、相次いで、法人の刑事責任を認め、これを処罰する仕組みを法制化した（法人に対して、刑罰または刑事裁判に基づき、刑罰以外の名称で呼ばれる制裁を科すことを認めていないEU加盟国は、27か国中、スウェーデン、ラトビア、ブルガリア、ギリシャの4か国にとどまる。ただし、これら4か国も、行政制裁など、刑事裁判に基づかない制裁は制度化している）。

注1　本書の性質上、詳細な注記は差し控える。海外の組織罰の動向については、樋口亮介『法人処罰と刑法理論』（東京大学出版会、2009年）52頁以下、甲斐克則＝田口守一編『企業活動と刑事規制の国際動向』（信山社、2008年）、川崎友巳『企業の刑事責任』（成文堂、2004年）85頁以下を参照。また、邦語文献では得られないヨーロッパの情報については、James Gobert & Ana-Maria Pascal, European Developments in Corporate Criminal Liability (2011); Clifford Chance, Corporate Criminal Liability (2012); Gert Vermeulen Wendy, De Bondt & Charlotte Ryckman, Liability of Legal Persons for Offences in the EU (2012)。さらに、海外各国の法人処罰の最新情報については、Global Compliance NewsのHP＜https://globalcompliacenews.com/＞を参照。

　また、以前から法人処罰を採用していた国々でも、一層の整備・強化を図るための法改正が行われてきた。たとえば、アメリカ合衆国の連邦レベルでは、1991 年に、法人等の組織に対する固有の刑事制裁とその量刑手続を定めた合衆国連邦量刑ガイドライン第 8 章が導入された。オーストラリアは、1995 年に制定された連邦刑法において、法人内の個人の犯罪行為とは切り離された法人固有の刑事責任を認める仕組みを採用した。フランスは、2004 年に、10 年前に導入した際に一部の犯罪類型に限定していた法人処罰の対象犯罪を、すべての犯罪に拡大する法改正を行った。カナダも、同年に、法人等の「組織」の刑事責任を適正に問うため、処罰要件の見直しを図った。イギリスでは、2007 年、2010 年、2017 年の 3 回にわたって、故殺（manslaughter）、贈賄、脱税という特定の犯罪類型に対して、法人の刑事責任を積極的に問うための要件緩和を盛り込んだ新法を制定した。ドイツでは、2020 年 6 月に、検察官の裁量にゆだねられていた法人の起訴を原則化し、過料の算定に、法人の年間収益の 10 ％まで可能とするなどの「団体制裁法（Verbandssanctionengesetz）」が、議会に提出され、2021 年の施行を目指して、審議がすすめれている。

　さらに、オーストラリアでは、2020 年 4 月に法改正委員会が、法人の刑事責任の強化・適正化を勧告する報告書を公表するとともに司法長官に提出し、法案化に向けた作業が本格化させている[注2]。イギリスでも、法律委員会が、経済犯罪に、組織の刑事責任を積極的に問うための仕組みの適用範囲を拡大するための新法の制定の是非の検討に着手し、2021 年に報告書を公表する予定である旨が報道発表された[注3]。

注2　The Australian Law Reform Commission Report, Corporate Criminal Responsibility (2020).

注3　Law Commission, Law Commission Begins Project on Corporate Criminal Liability <https://www.lawcom.gov.uk/law-commission-begins-project-on-corporate-criminal-liability/>

2　組織罰の国際的トレンド

　こうした近時の法人処罰（組織罰）をめぐる動向には、①法人処罰要件の転換、②法人処罰の対象となる犯罪類型の拡張、③法人に対する刑事制裁の強化・多様化という共通した傾向が認められる。

(1)　法人処罰要件の転換

　各国では、どのような要件に該当した場合に、法人を処罰しているのか、その中身を見てみると、従来は、代表者など、組織内の個人の犯罪行為を特定し、刑事責任を認定した上で、そうした個人の刑事責任を、法人そのものの犯罪行為や責任と同一視することによって（同一視理論）、あるいは、従業者など、組織内の個人によって犯罪が実行された場合に、そうした個人の責任を法人に無過失転嫁することによって（代位責任の法理）、法人は責任を認定され、処罰されていた。そもそも個人が行った犯罪行為に対する責任を問い、そうした責任に基づいて刑罰を科すために発展を遂げてきた刑法を、個人とは異質な存在である法人に対して適用するには、「まず個人の行為や責任を特定したうえで、法人の責任追及に進む」というアプローチが受け入れられやすかったのであろう。

　ところが、1980年代以降、法人の社会的な存在感がいよいよ増していくと、こうしたアプローチでは、規模の大きな企業をめぐる事案で、犯罪行為を行った個人の特定が容易でなかったり、複数の個人が部分的に関わっていたため、あるいは組織の体制や構造の欠陥がもとで発生したため、特定できる個人が存在していなかったりする場合に、法人の刑事責任を問えないことが次第に問題視されるようになっていった。むしろ、刑事規制の必要性が高いのは、こうした規模の大きな法人をめぐる事案ではないかとの問題意識が急速に高まっていったのである。

　たとえば、イギリスでは、1987年にイギリスのフェリー会社が所有

するフェリーが、ベルギーのゼーブリュッヘ港を、船首側ハッチを開けたまま出港したため、浸水・沈没し、192 名の乗客らが死亡した事故では、当時の判例が法人の刑事責任を問う要件として要求していた法人幹部の関与が認められなかったことから、法人の刑事責任が問われず、その限界が明るみに出る結果となり、その後の長年にわたる議論を経て、2007年法人故殺及び法人致死罪法が制定された。同法は、当該法人の「組織が死亡した者に対して負うべき関連する注意義務の重大な違反となる方法で管理または組織化」されていた場合には、法人幹部の責任が特定できない場合でも、法人の刑事責任を問うことができる旨を規定した。

　また、オーストラリアでも、1995 年の新刑法の導入に当たって、従業員等の行為に対する管理・統制が不十分であったり、法人内の関連人物への関連情報を伝達するための相当なシステムを構築できていなかったりして、全体として考察したときに法人の行為が過失であると評価できる場合に、法人の過失を認めることが規定された。さらに、スペインでは、2010 年の刑法改正で、法人の代表者だけでなく、従業者が犯罪を実行した場合も、法人に刑事責任を問えるとする規定を導入し、続いて、2015 年に、コンプライアンス・プログラムが、適切に実施されていた場合は、法人の刑事責任が免責されるという規定を追加した。

　これらは、個人を対象にすることを当然の前提としてきた刑法を、法人に適用するために、法人と個人の共通点に着目したり、法人を個人になぞらえたりする思考から脱却し、法人に固有の性質に着目して、法人の刑事責任を問おうとする動きであり、法人処罰が新たなステージへと進化を遂げたものと評価することができよう。

(2)　法人処罰の対象となる犯罪類型の拡張

　法人処罰の対象となる犯罪類型として、かつては、経済犯罪や行政犯罪に限定されている国も少なくなかった。もちろん、今日でも、イタリ

アやスペインのように、経済犯罪や組織犯罪に対象を限定する制度を採用する国もあるが、徐々に、対象となる犯罪に限定を設けず、すべての犯罪について法人の刑事責任を認める制度を採用する国が増加しつつある。フランスは、法人処罰を導入した1994年には、対象犯罪を経済犯罪などに限定していたが、2004年の刑法改正で、すべての犯罪に拡張した。1999年と2004年にそれぞれ初めて法人処罰を導入したベルギーとオーストリアは、最初から対象犯罪に限定を設けなかった。実は、法人には刑事責任の前提となる道義的な避難を加えることができないから、そうした責任に基づく刑罰は科せないとして、道義的非難とは無関係な法的責任に基づく秩序罰だけを法人に適用するドイツも、秩序罰の対象となる対象犯罪に限定は設けられていない。ましてや、日本のように、刑法に定められている多様な犯罪を、一律、その対象から除外している国は、日本以外では、日本による統治下で導入された両罰規定を、今日でも用いている韓国ぐらいである（韓国の法人処罰の実情は、日本の判例が採用する従業者による違反行為があれば、法人の選任監督上の過失責任が推定されるという過失推定説ではなく、検察官が、法人の過失を立証しなければならない純過失説を支持している点を除いて、基本的に同様である）。

　こうした法人処罰の対象犯罪の拡張の背景としては、もはや、その影響力が、経済の領域にとどまらないという法人の社会的な存在感の大きさを指摘することができよう。科学、文化、教育、政治など、あらゆる領域で発揮される法人の社会的影響力がマイナスに作用しないよう、その活動を規制するために、対象とすべき犯罪類型も広がっているのである。

(3)　組織罰のための刑事制裁の強化・多様化

　法人に刑罰が科される場合、かつて、その手段は、抑制的な金額の罰金に限られていた。それも、法人には、個人に対する刑罰の中心であっ

た自由刑（刑務所への収容する刑罰）を用いることができないことや、伝統的に、罰金刑が個人に科されるのは、比較的軽微な犯罪の場合に限られていたことをふまえれば、当然といえるかもしれない。ところが、近年では、各国で、罰金額の上限が引き上げられる一方で、罰金刑以外の刑罰の整備が進められている。

　このうち罰金額の上限の引上げについては、個人とは比較にならない法人の資力や法人による犯罪がもたらす被害の甚大さが考慮されるようになったことに加えて、法人処罰の対象となる犯罪が拡張され、個人であれば、自由刑を科される犯罪について、法人が処罰されるようになり、個人に対する刑罰とのバランスが求められるようになったことなどが、背景事情としてあげられよう。具体的には、フランスのように個人に対する罰金額を基準に、5倍の罰金額とする国や、ベルギーのように、個人に対する自由刑を、法人の場合には、高額の罰金刑に代替する国、オーストリアのように法人の資力を考慮して罰金額を算定する国、アメリカやスペインのように、犯罪による損害や利益を考慮して罰金額を算定する国、さらには、イギリスやカナダのように上限額のない罰金を導入した国など、その手法は多種多様である。

　これに対して、罰金以外の刑罰が採用されるようになったのは、いくら罰金額を高額にしても、支払わなければ、自由刑を科すことができる個人と違い、法人には、代替刑がないため、効果が限定的であること（抑止の罠）や罰金によるコストが、商品の値上げで消費者に、あるいは、賃金の引下げで従業者に転嫁されてしまうこと（スピル・オーバー）などの問題点への認識が高まったことが影響していると思われる。具体的には、①保護観察やそれに類似する制度（アメリカ、オランダ、フランス、スペイン）、②免許や許認可の一次停止や取消し（オランダ、フランス、スペイン）、③事業活動の一時停止（オランダ、フランス・スペイン）、④公共機関との取引の停止（フランス・スペイン）、⑤有罪判決の公表（アメリカ、イギ

リス、オランダ、フランス、スペイン）などが制度化されている（そのほか、フランスには、解散や小切手の振出し禁止などもある）。

このように法人に対する刑罰の強化・多様化は、法人処罰が、各国の刑法の中で、例外的で、付随的なものから、中心的で、重要なものという位置づけに変化してきたことの現れと言える。かつて、法人処罰に否定的な立場から加えられてきた「罰金刑では、効果は限定的である」といった批判は、これらの国々では、説得力をもたない。

3　海外の動向から見た日本の法人処罰

法人の社会的影響力がますます高まり、そうした影響力がマイナスに出て、社会に甚大な被害をもたらす事案が相次ぐ中で、海外では、法人処罰の整備・強化が急速に進んでいる。多国籍企業に象徴されるように、法人の活動は、国境をまたいでグローバルに展開されている。しかも、その活動領域は、経済分野だけにとどまらず社会のさまざまな場面に及んでいる。そうした状況は、日本も変わらない。現に、日本の企業が、海外で刑事責任を問われ、逆に、海外の企業が、日本でも、幅広く活動し、時として、甚大な被害をもたらす事態を生じさせている実態をふまえれば、法人処罰について、他国とある程度平仄を合わせることは、日本も避けられないように思われる。その際、どのような点が鍵になるのか。これまで見てきた海外の動向が参考になろう。

···著者プロフィール
川崎友巳（かわさき・ともみ）　同志社大学法学部教授。専門：刑事法。1969 年京都市生まれ。1993 年 3 月に同志社大学法学部を卒業の後、同年 4 月より同大学大学院法学研究科に進学。1998 年度より同志社大学法学部助手。その後、専任講師、助教授（准教授）を経て、2008 年度より現職（その間、2007・2008 年度にコロンビア大学ロースクール客員研究員）。日本刑法学会理事、日本被害者学会理事。主な著作に、『企業の刑事責任』（成文堂、2004 年）、『犯罪タイポロジー』（成文堂、2010 年。第 2 版 2014 年）などがある。

諸外国の法人処罰（組織罰）一覧　（作成：川崎友巳）

国名	法人処罰※1)	根拠規定・判例	制定・判決年	主体	対象犯罪	
日 本	○	両罰規定 （各法令に規定）	1932	法人 （「法人格のない団体」等を含む規定を置くものあり）	両罰規定で特定された犯罪のみ（刑法典上の犯罪は対象外）	
アメリカ（連邦）	○	N.Y. Central & Hudson R.R. Co. v. U.S. 212 U.S. 481 (1909) ※刑罰については、1991年合衆国量刑ガイドライン第8章	1909	組織体（法人、合名会社、法人格なき社団、株式会社・労働組合、事業信託、年金財団、権利能力なき社団、政府機関、非営利団体）	すべての犯罪	
	○	模範刑法典	1962	法人 （州によっては、組織体）	すべての犯罪 （重罪・軽罪・秩序違反行為）	
イギリス※2)	○	Re Great North of England Railway Co[1846]9 QB 315.	1846	法人	公共福祉犯	
		Tesco Supermarkets Ltd v Nattrass[1972]AC 153.	1972	法人	刑法犯	
		2007年法人故殺及び致死罪法	2007	法人、中央政府省庁、警察隊、共同事業、雇用主としての労働組合及び使用者団体等	故殺罪	
		2010年贈収賄法7条	2010	法人またはパートナーシップ	贈収賄防止措置懈怠罪	
		2017年犯罪財政法	2017	法人またはパートナーシップ	脱税防止措置懈怠罪	
カナダ	○	2004年改正刑法		組織（公共団体、法人、境界、会社、商会、パートナーシップ、労働組合、または自治体、共通の目的のために設立された団体）	原則、すべての犯罪	
オーストラリア※3)	○	1995年連邦刑法	1995	法人（会社、法人格を有する団体、法人格のない団体）、公的機関、政府機関、州所有の団体	刑法上の贈収賄、マネーロンダリング、会社法違反、環境法違反、労働法違反、競争法違反、税法違反、年金関連、文書偽造、IT犯罪、知的財産権法違反、医薬品関連法違反など、1901年の法解釈法問うに基づき、行為主体の「者」に、法人等が含まれると解される犯罪	

処罰要件	刑罰
代表者、代理人、従業者等が、職務等に関連して、犯罪（違反行為）を実行したこと（違反行為が、代表者以外の場合、違反行為者の選任・監督上の過失責任の存在が法人に推定され、無過失を反証しない限り、処罰される）	罰金（法定多額の最高は、外為法72条1項1号と不正競争防止法22条1項1号の10億円）
法人内の個人が、自らの業務に関連し、法人のために犯罪を実行したこと	罰金、プロベイション、被害弁償、被害者への告知
①秩序違反行為・制定法上の犯罪:法人の代理人が、法人のために、職務の範囲または雇用契約の範囲内で、犯罪を実行したこと（代位責任の法理）、②法人が、法人に課された義務に違反したこと（絶対責任の法理）、③コモンロー上の犯罪:法人の取締役、上級職員等が、犯罪を実行、委任、無謀に黙認したこと（同一視原理）	各州ごとに規定例えば、ニューヨーク州では、重罪の場合、1万ドル以下、または法人の不法収益の2倍以下の罰金
法人内の個人によって、自らの業務に関連し、法人のために犯罪が実行された（代位責任の法理）	
法人と同一視可能な上級管理者によって犯罪が行われたこと（同一視の原理）	
組織の活動が、①人の死を惹起し、かつ、②組織が死亡した者に対して負うべき関連する注意義務の重大な違反となる方法で管理または組織化されている態様であること	上限なしの罰金、原状回復命令、公表命令
贈賄が実行され、かつ、法人の代表者等による贈賄を防止するための適切な措置がなされていなかったこと（被告法人側が適切な防止措置を講じていたことを「蓋然性の衡量」の基準で反証することが抗弁に）	上限なしの罰金
租税逋脱が実行され、かつ、法人の代表者、従業者、顧客等による国内外の脱税を防止するための適切な措置がなされていなかったこと（被告法人側が適切な防止措置を講じていたことを「蓋然性の衡量」の基準で反証することを抗弁として規定）	失われた潜在的な歳入額全額までの罰金
組織の上級役員、組織の活動活動の重要な側面を担っている（管理する精神を有している）従業者、代理人、または請負業者（組織の代表者）が、組織のために、職務の範囲内で犯罪を実行すること、または、従業者、代理人、または、請負業者が犯罪の当事者となることを阻止するためにあらゆる合理的な措置を講じる義務を怠ること	上限のない罰金。組織が略式起訴された場合は、10万USドル以下の罰金
①犯罪の客観的要素が、法人の従業者、代理人または役員によって、実際の若しくは職務上の範囲内において、又は実際の若しくは表見上の権限の範囲内で行われ、かつ、②犯罪の主観的要素が、意図、認識又は、無謀である場合、法人が、明示的、黙示的又は暗示的に、犯罪の実行を承認又は許可したことか、犯罪の主観的要素が過失の場合、法人の従業者に過失が認められるか、どの従業者等にも、過失が認められない場合でも、従業員等の行為に対する管理・統制が不十分である、法人内の関連人物への関連情報を伝達するための相当なシステムを構築できていない等、全体として考察したときに法人の行為が過失であること	①差止め命令、②違反行為の告知、③法定刑に拘禁刑のみを定めた犯罪に対する場合も含めた罰金、④社会奉仕命令、⑤業務禁止命令、⑥コンプライアンス・プログラムを実施するために執行される事業、⑦破産関連犯罪における企業の解散

国名	法人処罰※1)	根拠規定・判例	制定・判決年	主体	対象犯罪	
オランダ	○	刑法51条 経済犯罪法	1976 ※4)	法人、法人格のない会社、パートナーシップ、船主の会社、特別な目的のために集められた区分資本金	すべての犯罪	
フランス	○	刑法121-2条	2004	法人 (一定の場合は、国を除く自治体を含む)	重婚など、性質上、自然人にしか実行できない犯罪を除くすべての犯罪	
スペイン	○	刑法31条	2015 ※5)	法人	詐欺、倒産、汚職、贈収賄、マネーロンダリング、租税逋脱、秘密の発見・公表、知的財産権侵害、市場および消費者に対する犯罪	
ベルギー	○	刑法5条	1999	法人(人格なき社団、ジョイント・ベンチャー、営利企業、非営利企業を含む)	重婚など、自然人のみが有責となりうる犯罪を除くすべての犯罪	
イタリア	△ 行政制裁	2001年6月の法令第231号	2001	国および地方自治体を除く、法人、協会および団体(非営利も含む)	①公的機関に対する詐欺、②サイバー犯罪、③犯罪の共謀、④汚職、⑤通貨、国債、印紙の偽造、⑥商取引に対する犯罪、⑦知的財産権侵害、⑧テロリズム、⑨市場の乱れ、⑩過失致死罪および衛生安全関係法令違反、⑪資金洗浄、⑫司法妨害、⑬環境犯罪、⑭組織犯罪など	
ドイツ	△ 秩序罰	秩序違反法30条	1968 ※6)	法人・権利能力なく社団・人的商事会社	すべての犯罪・秩序違反行為	
		団体制裁法(案)	2020 未成立	団体(法人、人的会社、営利会社、ヨーロッパ経済利益団体)	すべての犯罪・秩序違反行為	
スイス	△ 秩序罰	刑法典総則102・102の2条	2003	企業(Unternehmen)	重罪・軽罪	
オーストリア	△ 秩序罰	団体答責性法3条	2004	団体(法人、人的会社、営利会社、ヨーロッパ経済利益団体)	すべての犯罪	

※ 1) ○は法人への刑罰の適用を肯定、△は法人への刑罰の適用は否定し、代替するを「行政制裁」・「秩序罰」を刑事裁判で宣言。
※ 2) 2020 年 11 月に、法律委員会が、法人の刑事責任に関する検討を開始した旨を公表。2021 年中に、報告書をまとめる予定。
※ 3) 2020 年 4 月にオーストラリア法改正委員会が、法人の刑事責任の強化・適正化を勧告する報告書を公表、司法長官に提出。

処罰要件	刑罰
①犯罪を構成する行為が法人の範囲内にある、②法人の運営が犯罪からの恩恵を受けている、③犯罪が法人の従業者または代理人によって実行される、④法人が、その行為を阻止できたにもかかわらず、阻止せず、それを「受け入れる」(そのような行為を防ぐために、相当の注意を払っていないことも含む)など、法人への帰責が合理的であること※3	82万ユーロ以下又は年間売り上げの10%以下の罰金、1年以下の法人活動の一部又は全部停止、3年以下の経営の外部委託、2年以下の補助金又は許認可の取消し、判決の公表
①法人の法定代理人が、法人に代わって犯罪を実行すること、または、②法人から一定の権限を有効に委任され、法人を代表して行動している従業員が犯罪を実行すること	自然人に対するものの5倍の罰金、付加刑として①解散、②司法監視、③事業所の閉鎖、④活動の禁止、⑤公共機関との取引からの排除、⑥資金の公募禁止、⑦小切手振出し禁止、⑧判決の公表
法人の代表者、法的および実質的な管理者、従業員または契約労働者が、法人のために、犯罪を実行すること(ただし、適切なコンプライアンス・プログラムを実施していたことが抗弁に)	①罰金(犯罪の損害または収益に応じて算定)、②法人の解散、③最長5年間の活動停止、④最大5年間の施設閉鎖、⑤最大15年は無期限での犯罪の実行、支持、または隠ぺいにつながる活動を将来実行することの禁止、⑥補助金や公的援助の取得、⑦公的部門との協定の締結、および⑧最大15年間、税制上または社会保障上の給付および優遇の取得資格はく奪、⑨最大5年間の司法介入
法人に代わって刑法犯が実行されたこと、または犯罪が法人の活動に本質的に関連していること	自然人に対する法定刑に応じて、最高72万ユーロの罰金
従業者などが、法人の利益のために、または法人のために、法令に列挙された犯罪を実行すること	①犯罪ごとに定められた金銭的制裁(最高額は154万9,000ユーロ、市場の乱用については犯罪収益の10倍)、②資格と認可の一時停止、③事業活動、政府との契約および製品の広告の禁止、④資金提供、優遇、または補助金給付からの除外・終了、⑤財産整理、⑤判決の公表
法人等の機関の構成員等によって実行された犯罪・秩序違反行為で、法人等に課された義務に違反し、または、法人等に利益を得させたこと	故意犯に1,000万ユーロ、過失犯に500万ユーロの過料
	故意犯に1,000万ユーロ、過失犯に500万ユーロの過料。ただし、年間収益の平均が、1億ユーロ以上の団体に対しては、収益の10%以下の過料。
企業の目的の範囲内で犯罪が行われ、その行為の責任を特定の自然人に帰責できないこと	500万フラン以下の過料
団体の利益のため、または団体に課された義務に反して、①団体の意思決定権が、違法かつ有責な犯罪行為を実行すること、または、②団体の従業者が、故意・過失によって犯罪を実行し、かつ、意思決定権者が、犯罪防止に向けた人的・組織的措置を講じていなかったこと	団体の収益を考慮し(年間収益の360分の1に3分の1の加重・軽減した額)、個人への法定刑に比例する形(15年以上の拘禁刑で、180日分)で算定される日数罰金式の過料。最高で180万ユーロ。

※ 4) 1976年制定の現行刑法以前より、経済犯罪については、1951年経済犯罪法15条によって、法人の刑事責任が肯定されていた。
※ 5) 法人の刑事責任を定めた刑法改正は2010年で、コンプライアンス・プログラムの抗弁が2015年。
※ 6) 1994年に上限額を引き上げる法改正。

「両罰規定の導入」による組織罰実現の社会的意義

郷原信郎

郷原総合コンプライアンス法律事務所代表弁護士

1 現行法制度における重大事故の刑事責任追及の問題

企業活動に伴って発生する重大事故の問題に関わるようになったのは、2005 年検察から桐蔭横浜大学法科大学院に派遣され、コンプライアンス研究センターの活動を開始した頃からだ。その直後に発生したのが乗客 106 人の死者、500 人以上の負傷者を出した JR 西日本福知山線脱線事故だった。それ以降、重大事故の原因究明と責任追及の問題はコンプライアンス研究センターの重要なテーマの 1 つとなった。

重大事故の遺族に共通するのは、「自分の肉親が亡くなった経過を知りたい。何がどうなって亡くなったのか、事故の状況を知りたい。」という願いと、事故の真相解明、原因究明によって事故の再発が防止されることで、失われた肉親の命を社会に役立てたいという思いだ。しかし、現行の法制度の下での事故の刑事責任追及が、遺族の思いを受け止めるものになっているかと言えば、そうとは言い難い。

企業組織の活動に伴う事故の場合、加害者側の被疑者は、関連する業務に直接関わっていた担当者或いは管理者中心とならざるを得ない。実際には、組織活動に伴う事故の発生のメカニズムは複雑で、行為者個人の過失責任の追及には限界がある場合が多い。

事故原因が解明されても、当該行為者に予見可能性があったことや、因果関係についての立証が困難な場合が多く、刑事責任追及のハードルは高い。

　しかも、複雑な事故の場合、「行為者個人」を過失犯で処罰することが、事故の再発防止につながるかと言えば、必ずしもそうとは言えない。個人の刑事責任の追及が前提にされると、関係者から供述を得ることが困難となり、証拠が隠滅されるおそれもある。

　重大事故の刑事事件は、不起訴となったり、起訴されても無罪となる事件が多く、裁判になっても、起訴の対象とされた過失に関連する事実だけが審理の対象となるので、事故そのもの真相が明らかになるとは限らない。

　現行制度のままでは、刑事処罰が、遺族が求める事故の真相解明・原因究明につながっているとは言えないのである。

2　重大事故の刑事責任追及への検察の姿勢

　かつての検察は、犯罪被害者の心情や立場に配慮し、尊重する姿勢が著しく欠けていた。いわゆる「隼ちゃん事件」（1997 年 11 月、東京都世田谷区で青信号で横断中だった小学 2 年生男児児童が渋滞で停車中のダンプカーにひかれて死亡した事故）などで、検察の対応が批判を受けたことなどから、2000 年頃から、被害者・遺族に対する配慮が重視されるようになり、その後、犯罪被害者等基本法が制定されたこともあって、犯罪被害者・遺族の意向が尊重されるようになった。

　それに伴い、重大事故の刑事事件についても、検察が、遺族の意向を尊重する傾向が強まり、2008 年に検察審査会の起訴議決制度が導入されたこともあって、検察は重大事故の事件の不起訴処分に対して慎重になった。

　JR 西日本福知山線脱線事故、東京都港区でのシンドラーエレベーター事故等は、以前の検察であれば不起訴処分にしていた可能性が高いが、検察は長期間にわたって捜査し、検討した末、加害者の会社関係者

を起訴した。しかし、いずれの事件でも、最終的には、すべて無罪で終わっており、それに至る刑事処分までの期間及び、裁判の長期化が、かえって、事故の真相を明らかにすることを遅延させているとも言える。

　福知山線脱線事故については、2005年4月に事故発生、検察は、2008年に当時の山崎正夫社長を起訴したが、2012年1月に、山崎氏に一審無罪判決が出て確定した。

　刑事裁判で問われた過失は「事故の8年前に、山崎元社長が鉄道本部長だったときに、ATSを設置すべきだった。」というものだった。刑事裁判での争点は、事故の8年前における企業の措置の当否であり、実際の事故の場面が裁判で明らかになったわけではなかった。

　2006年6月に発生したシンドラーエレベーター事故では、検察は、2009年に、シンドラー社側の保守担当責任者、保守会社SEC側の保守担当責任者経営者を起訴したが、起訴から4年もの間、公判前整理手続が行われ、一審の初公判が開かれたのが2013年3月、15年9月の一審判決で、シンドラー側が無罪、SEC側が有罪、2018年3月に、SEC側も逆転無罪となって、全員無罪で確定している。

　このような長期にわたる刑事裁判は、本当の意味で、重大事故の遺族が求める真相解明を行う場になっているとは言い難い。

　検察が、遺族の意向を尊重しようとする姿勢は評価できるが、それが、不起訴にした場合に批判される「責任回避」が中心だとれれば、本当の意味で遺族の思いをかなえることにはならない。

3　「組織罰を考える勉強会」で、重大事故の法人処罰を考える

　2015年10月、JR福知山線脱線事故の遺族が中心となって立ち上げられた「組織罰を考える勉強会」（後に「組織罰を実現する会」となる）から、講演の要請を受けた。企業等の組織に、必要な安全対策を怠って事故を

起こしたことの直接の責任を問う法制度の実現をめざす勉強会だった。そこで主たる検討対象とされていたのが、イギリスの「法人故殺罪」のように、法人企業の事業活動において人を死傷させる事故が発生した場合に、その「法人組織の行為」について「法人自体の責任」を追及する制度だった。

　しかし、日本の刑事司法では、従来から、犯罪行為を行った自然人個人の処罰が中心で、法人に対する処罰は付随的なものだ。「法人組織の行為」を認めて、法人を刑事処罰の対象にすることは容易ではない。「組織罰を考える勉強会」のめざす制度の実現は、現実的にかなり難しいことは否めなかった。

　そこで、重大事故についての法人処罰の在り方を私なりに改めて考えてみた。その結果たどり着いたのが、多くの特別法で認められている「両罰規定」を、法人の事業活動に伴って発生する業務上過失致死傷罪に導入する特別法の立法の提案だった。

　両罰規定というのは、法人または人の業務に関して「犯罪行為」が行われたときに、その行為者を処罰するのに加えて、法人に対しても罰金刑を科す規定だ。

　業務上過失致死傷罪に両罰規定を導入すれば、法人の役職員個人について業務上過失致死傷罪が成立する場合に、法人の刑事責任を問うことができる。「法人組織の行為」について法人の責任を問うという、それまで「組織罰を考える勉強会」がめざしてきた方向とは異なるが、重大事故について、事業主の法人企業の刑事責任を問うことは、「組織罰」の導入として大きな第一歩となる。

　しかも、現行法制でも広く認められている「両罰規定」の活用であれば、立法上の問題ははるかに少ない。刑法の改正は、法制審議会での議論等が必要となるが、刑法犯である業務上過失致死傷罪のうち、法人企業の事業活動で発生した事故に限定して「両罰規定」を導入する特別法

を創設するのであれば、法制審議会の正式な手続は必ずしも必要とはならず、ハードルが低い。

4　刑事公判が、「法人企業の安全コンプライアンス」を評価する場に

　刑法の大原則である「責任主義」の観点から、役職員の犯罪行為について法人を処罰するためには、法人の責任の根拠がなければならない。両罰規定では、「行為者に対する選任監督上の過失」が、法人の責任の根拠とされてきた。その責任がないことを主張するのであれば、処罰を免れようとする法人側が立証責任を負う。法人側が「選任監督上の過失がなかったこと」を主張立証しない限り、処罰を免れることはできない。

　両罰規定による法人企業への罰金刑が導入された場合、法人企業の業務に関して発生した事故についての業務上過失致死傷罪で法人を処罰するとすれば、「選任・監督上の過失」に相当するものとして考えられるのが「事故防止のための措置義務違反」だ。法人企業が、義務を十分に尽くしていたこと、回避困難な事情があったことを立証できれば、免責されることになる。法人企業に対する罰金の上限が、経営規模に見合う「企業に痛みを与える」水準に設定されれば、刑事責任を免れようとする法人企業は、事故防止のために十分な措置を講じていたことの立証が必要となる。万が一の事故が発生した場合、その立証が行えるようにするためには、企業が日常的に事故防止のための安全対策を十分に行うことが必要となり、事故防止にも貢献することになる。

　そして、加害者側企業に対する両罰規定を導入する立法を行うとすれば、その罰金額の上限を、刑法の業務上過失致死傷罪における「行為者」に対する罰金の上限と切り離し、法人の規模・資産に見合う金額にすることも可能だ。

　「組織罰を考える勉強会」の講演では、業務上過失致死傷罪に両罰規

定を導入する特別法の条文案を用意した上で、「組織罰導入」の方向性
を「両罰規定の導入」の方向に転換することを提案した。

　刑法の理論面にも関わる説明に、多くの遺族の方々が真剣に耳を傾け
てくれ、賛同が得られた。それ以降、会の活動は、「両罰規定」の導入
を目指す方向に向かっていった。

　2016 年 4 月、「組織罰を実現する会」が設立され、それ以降、「重大
事故での加害企業の処罰を可能にする組織罰の導入」をめざして、様々
な活動が行われてきた。

5　過去の重大事故で「両罰規定による法人処罰」は可能か

　では、業務上過失致死傷罪に対する両罰規定が設けられた場合、従来
の法制度によって行われてきた刑事処罰とどのような違いが生じるだろ
うか。

　まず、福知山線の脱線事故については、既に述べたように、現行制度
の下では、刑事責任追及ができなかった。しかし、事故の状況は事故調
査報告書によって明らかになっている。両罰規定が導入されていれば、
運転手は既に死亡していても、「車掌との電話に気を取られ、急カーブ
の手前で減速義務を怠った」という過失で、運転手についての業務上過
失致死傷罪の成立が立証できる可能性がある。そして、「そのような運
転手の過失による事故を防止するために、JR 西日本が十分な安全対策
をとっていたか否か」が刑事裁判の争点となり、JR 西日本が、事故防
止のための措置が十分だったと立証できないと、法人としての同社に対
して罰金の有罪判決が言い渡されることになる。

　2016 年の軽井沢のバス転落事故では、現行制度の下では、会社幹部
の刑事責任が問えるかが最大の注目点であり、それについては、会社幹

部の、運転手の運転未熟についての認識と「予見可能性」が問題となる。検察は、事故から5年後の今年1月に、バス運行会社の幹部を起訴したが、起訴まで長期間かかったことから考えても、十分な有罪立証の見通しを持って起訴したのかどうかは不明だ。福知山線脱線事故やシンドラーエレベーター事故のように無罪という結末になる可能性もある。

　一方、両罰規定が導入され、事故に至る客観的な経過が解明されれば、「排気ブレーキをかけることなく加速して、制限速度を大幅に超過した状態で下り坂カーブに突っ込めば、横転し、大破して乗客が死亡することが認識できたのに、適切な事故回避措置をとらなかった」との過失について、運転手の過失犯は立証可能であり、その点について会社側がどのような対策を講じていたのかが問題になる。少なくとも、運転技術が未熟な運転性に対して教育を行うなどの安全対策を十分に講じていなかったことは明らかであり、会社が有罪となる可能性が高い。

　一方、2012年に起きた笹子トンネルの事故のように、組織としての企業には安全対策の不備が指摘されていても、行為者個人の過失と人の死傷という結果との因果関係を立証することが困難な事故については、両罰規定によっても法人企業の処罰は容易ではない。

　そういう意味では、両罰規定の導入による企業の刑事責任追及は、重大事故の組織の責任全体を対象とすることには必ずしもならない。しかし、一定の範囲に限られるものであっても、重大事故の刑事裁判で法人企業の刑事責任が問われ、企業の側が事故防止に向けての措置を立証しなければならないということになれば、「企業の事故防止コンプライアンス」が刑事裁判の争点となって、主張・立証が行われることになる。それは、企業組織の事故防止に向けての過失についての裁判における立証のスキルの向上にもつながる。

　そして、そのような公開の裁判が行われること自体が、企業活動に伴う重大事故の被害者・遺族が求める事故の真相解明と適正な処罰という

課題に社会が向き合っていくブレイクスルーとなることも期待できる。

・・著者プロフィール

郷原信郎（ごうはら・のぶお）　弁護士。1955 年、島根県生まれ。東京大学理学部卒。東京地検特捜部、長崎地検次席検事、法務省法務総合研究所総括研究官などを経て、2006 年に弁護士登録。2008 年、郷原総合コンプライアンス法律事務所開設。これまで、名城大学教授、関西大学客員教授、総務省顧問、日本郵政ガバナンス検証委員会委員長、総務省年金業務監視委員会委員長などを歴任。著書に『告発の正義』『検察の正義』（ちくま新書）、『「法令遵守」が日本を滅ぼす』（新潮新書）、『思考停止社会──「遵守」に蝕まれる日本』（講談社現代新書）など多数。

組織罰の実現への軌跡とこれから

津久井進

組織罰を実現する会　事務局長

1　現行法の不条理

　最愛の家族は「行ってきます」といつもと同じ笑顔で出かけた。しばらくして突然の事故の知らせ。最愛の人が一瞬にして帰らぬ人となった。そして、自分は思いがけず「遺族」になった。目の前が真っ白になる。時間が止まる。しばらく月日が過ぎて、涙も涸れ果てたころ、この事故の責任は誰が取るのだろうかと、ふと考えてみる。そして「事故を起こした会社が処罰されることがない」という法律の実態を知って驚き、呆然とする。「なぜ？」「どうして？」と問わずにいられない。

　この遺族の問い掛けに対し、弁護士は法律の仕組みを説明しなければならない。しかし、私は、遺族が納得できるように答えることはできなかった。処罰の根拠となる「刑法」は、自然人と呼ばれる「人間」を罰する法律だが、会社などの「法人」を処罰の対象外としている。それでいいのだろうか。遺族に対し、私はただ「法の不備のため……」と申し上げるしかなかった。

　ならば、向かうべき方向は自ずと定まる。第1に法律の不備をきちんと正すこと、第2にどんな重大で悲惨な事故であっても法人が責任を問われることがない不条理を世に問うこと、そうすることによって、第3に安全な社会システムを構築すること。これらを目的にして発足したのが「組織罰を実現する会」である。この3点は今なお揺るがぬ信念である。

　誤解がないようひとつ付け加えておかなければならない。遺族は、決して処罰感情や私憤を晴らすために活動しているのではない。そこに原動力となっている感情があるとするなら、「二度と同じ悲しみを誰にも味わってほしくない」という気持ちにほかならない。様々な事故が起こるたびに心が痛むのは、それを自分事と捉え、遺族としての悲しみを重ねるからであろう。

2　組織罰を学ぶ

　組織罰を実現する会の源流は、JR 福知山線脱線事故にある。この事故の遺族として刑事裁判に被害者参加し、その行方をずっと追い続けてきた大森重美と、同じく遺族としてネットワーク活動をはじめ、様々な活動に最前線で取り組んできた藤崎光子の二人が、ずっと抱え続けてきた疑問を社会に問う決意したところから始まる。

　しかし、闘う相手は「法律」。法律の壁はぶ厚く、そして高く立ちは

だかっていた。その壁に風穴を空けるためには、まず相手を知ることが必要であった。

そこで、2014（平成26）年3月から丸2年かけてしっかり勉強する集まりをつくった。会の名前を「組織罰を考える勉強会」と名付けた。これまで、この課題は「法人罰」と呼ばれてきた。ただ、会社だけでなく、国や自治体等の行政組織にも責任を問う場合があるのではないか。そう考えて「組織罰」という言葉を発案し、その名を冠した。この勉強会には、法律学者、元裁判官、元検察官、弁護士、そして理系科学者や、他の事故の被害者の方々にも来ていただいた。またイギリスなど他国の例も学んだ（**表1**）。

そして行き着いた結論が、現在、掲げている方針である。

第1段階は、業務上過失致死罪を法人に問える両罰規定の特別法を創設することである。

第2段階は、現在の刑事司法の実務のあり方を正し、過失事故を処罰するハードルとなっている具体的危険説を見直し、その時代の社会常識に照らして合理的な危険性を予見できれば処罰できるようにすることである。

第3段階は、イギリスの法人故殺罪など法人を処罰する新たな法律の仕組みを導入することである。

そして、この3つのステップのうち、まず第1段階を現実的に実現していくことに注力することとし、会を「組織罰を実現する会」と改め、2016（平成28）年3月から活動をスタートしたのである。

3　組織罰を実現する会の歩み

私たちの活動は、大きく3つの活動から成り立っている。

まず1つ目は、私たちの暮らす社会に組織罰が必要であることを広く

表 1　組織罰を考える勉強会（2014 年 3 月〜 2016 年 2 月）のあゆみ

回数	講師（敬称略）	講師の肩書き等（内容等）
第 1 回	川崎友巳	同志社大学教授（刑法）
第 2 回	安原　浩	元裁判官・弁護士
第 3 回	佐藤健宗	TASK 事務局長・弁護士
第 4 回	大森重美 津久井進	JR 福知山線事故遺族（英国調査） 弁護士（英国判例報告）
第 5 回	地脇美和	福島原発告訴団事務局長
第 6 回	下村誠治 盛本英靖 松本邦夫 大森重美 藤崎光子	明石歩道橋事故犠牲者の会 福知山花火事故被害者家族の会 笹子トンネル事故遺族 JR 福知山線事故遺族 JR 福知山線事故遺族
第 7 回	古川元晴 船山泰範	元検察官・弁護士 日本大学教授（刑法）
第 8 回	山口栄一	京都大学大学院教授（物理学）
第 9 回	今井猛嘉	法政大学大学院教授（刑法）
第 10 回	郷原信郎	元検察官・弁護士
第 11 回	津久井進 坂本　哲	弁護士 弁護士
第 12 回	川崎友巳	同志社大学教授（刑法）

伝えていくことである。そして、組織罰（法人に対する業務上過失致死罪の両罰規定を設けること）を実現することが、安心して暮らせる安全な社会づくりの第一歩になることに共感をもってもらうことである。

　これまで折に触れて公開講演会や公開学習会を開いてきた（表2〔次々頁〕）。同時に、署名活動を展開した。署名を多く集めるのも 1 つの目的

山下貴司法相（左）に請願書を手渡す「組織罰を実現する会」の大森
重美代表（2018年10月26日、法務省。写真提供：同会）

だが、私たちは、あえて一人ひとりの市民の方々と対話することが重要
だと考え、メンバーである遺族がJR福知山線の沿線の駅に立ち、自ら
通行する方々に声を掛け、なぜ組織罰を求めているかを丁寧に説明する
ことにした。

　これまでに1万筆を超える署名が集まった。しかし、まだ十分に思い
が広がり共通認識ができているとは思えない。ホームページの開設、マ
スコミやメディアを通じた発信を行ってきた。本書の発行もその大事な
取り組みの1つである。これからも、粘り強く世に訴えていかなければ
ならない。

　2つ目は、同じ立場に置かれた方々とつながり合っていくことである。
この会が発足した時には、JR福知山線事故遺族の大森重美が代表、
2012（平成24）年12月2日に発生した笹子トンネル天井板崩落事故遺族
の松本邦夫が副代表となり、2つの事故の二人三脚でスタートしている。
会の発足直前の2016（平成28）年1月15日には、軽井沢スキーバス転

表 2　会が開催した公開講演会・学習会など（講師らの敬称略）

2016 年 4 月 23 日 公開シンポジウム	基調講演：柳田邦男／郷原信郎 報告等：大森重美、松本邦夫（笹子トンネル事故遺族）、安原浩ほか
2016 年 6 月 18 日 公開学習会 「笹子トンネル天井板崩落事故について」	講師：野竹秀一（弁護士） 報告等：松本邦夫
2016 年 9 月 18 日 公開学習会 「立法や制度の条件」	講師：津久井進、坂本哲
2017 年 4 月 8 日 東京シンポジウム 「かけがえのない命をまもるために 〜組織罰の実現をめざして〜」	基調講演：尾木直樹／郷原信郎 報告等：大森重美、松本邦夫、藤崎光子、岩上剛（関越自動車道バス事故遺族）、田原義則（軽井沢バス事故遺族）、安原浩ほか
2017 年 4 月 22 日 公開講演会 「組織罰の実現に向けて」	講演：柳田邦男／大谷昭宏 報告等：大森重美、藤崎光子、松本邦夫、田村孝行（七十七銀行女川支店津波事故遺族）ほか
2017 年 7 月 15 日 公開学習会 「組織罰はなぜ必要なのでしょうか」	講師：安原浩
2018 年 4 月 21 日 公開フォーラム 「組織罰の実現をめざして〜かけがえのない命を守るために」	基調講演：柳田邦男 対談：大森重美、松本邦夫、田原義則ほか
2019 年 4 月 20 日 公開講演会 「信楽事故と事故調査　そして TASK の活動」	講演：安部誠治
2019 年 11 月 23 日 公開講演会	講演：川崎友巳

落事故が発生した。その遺族の一人である田原義則も合流し現在に至っている。2012年4月29日の関越自動車道高速バス事故の遺族とも情報共有している。それぞれの悲しみを抱えつつ、思いを同じくする者同士のつながりこそが活動のエネルギーの源である。

　3つ目は、政治への働き掛けである。私たちは、2013（平成25）年11月13日に開かれた第185回国会の衆議院法務委員会での質疑で組織罰の問題について議論されたのをきっかけに、法務省と意見交換する機会を持った。また、私たちの活動拠点である兵庫県を地元とする盛山正仁衆議院議員（元法務副大臣）の御理解を得て、2018（平成30）年10月26日、山下貴司法務大臣と面談することになり、これまで集めた署名とともに、請願書を提出した（前頁の**写真**）。大臣からは、この問題が重要な課題であるとの理解と共に、しっかり検討を続けていくという力強い約束を得た。

4　これから目指すもの

　私たちの活動の軸は全くぶれていない。むしろ、時間が経つほど確信を強めている。

　方針の第一歩として、法人に対する業務上過失致死罪の両罰規定を設けることを求めていく。そのためには、「両罰規定」という聞き慣れない言葉を理解してもらうことも大事であるし、「組織罰」という言葉が社会認知されるよう働き掛けていくことも大事なことだ。

　しかし、最も重要なことは「一人ひとりの命が大事にされること」と「安全な社会をつくる基本的な仕組みをつくること」である。そこに異論が差し挟まれる余地はない。

　一人でも多くの方々に知ってもらい、それが地域の安全につながり、国政の場で法制度として結実する日がくるまでコツコツと努力を続けて

いく所存である。

···著者プロフィール
津久井 進（つくい・すすむ）　弁護士（兵庫県弁護士会所属）。1969 年愛知県生まれ。
1993 年、神戸大学法学部卒業。司法修習第 47 期。日本弁護士連合会災害復興支援委員会委員長、
兵庫県弁護士会令和 3 年度会長。JR 福知山線脱線事故被害者支援弁護団。原発賠償兵庫訴訟弁護
団副団長。主な著書に『大災害と法』（岩波新書、2012 年）、『災害ケースマネジメント◎ガイドブッ
ク』（合同出版、2020 年）など。

おわりに

　この本は、わが国初めての「組織罰」についてのものになるだろう。法律の専門書でも「組織罰」だけに焦点を当てて書かれたものは存在しないのではなかろうか。

　「組織罰」という用語は、私たち「組織罰を実現する会」の前身である「組織罰を考える勉強会」でさまざまな議論を重ねた上で、勉強から実践活動へ踏み出すときに正式に選ばれた名称である。

　法律用語として「企業罰」「法人罰」という用語があることについては、勉強会の議論の中で共通認識としてあったのだが、企業や法人という枠に収まらない団体、たとえば自治体や国なども含めるべきではないかという意見を踏まえて「組織罰」という名称を採用したのである。

　折しも、「共謀罪」の議論が湧き上がる中で、「組織」と「罰」という語の組み合わせはいかにもマイナスのイメージが強く、もっとマイルドにすべきとの意見もあったのだが、社会にインパクトを与える名称の方がよいという意見を容れて「組織罰」ということにした経緯がある。その後、新聞等の報道で一般的に使用されることが増えて、この用語がようやく社会的認知を得たように思われる＊。

　　＊ 2017（平成 29）年 6 月 15 日付朝日新聞・社説／ 2017（平成 29）年 8 月 22 日付毎日新聞・オピニオン／ 2017（平成 29）年 9 月 19 日付神奈川新聞・社説／ 2017（平成 29）年 12 月 1 日・NHK 時論公論／ 2019（令和元）年 9 月 27 日付毎日新聞・オピニオンなど。

　しかしながら、本書でも言及のあるとおり、現在の日本社会においてはまだまだ「組織罰」についての認知度は低く、特に法曹界における言及や研究は極めて低調であると言わざるを得ない。街頭署名活動でもなかなか足を止めていただけないのが実情である。

　しかし、多くの死傷者が出るような大規模な事故が頻発する現代日本において、事故の責任者が誰も罰せられないという理不尽なありようについて、法曹界はいざ知らず、国民一般が大きな疑問を抱いていることは紛れもないことではなかろうか。少なくとも私たち事故遺族はその理不尽さを痛感して

いる。

　こういった状況の中で、重大事故の再発防止・未然防止を目的として、私たちは「組織罰」の実現を目指して活動を続けてきた。本書はその歩みのいわば「一里塚」である。おそらく、現在の日本社会で最も「組織罰」の必要性を感じ、その実現を切実に願っている方々の、多様な観点からのこれらの論考は、確実に着実にこの世に受け入れられていくことになると信じている。「組織罰」という概念の存在を世に知らしめ、事故を防ぐための一助となることを願って、本書を世に送り出す次第である。

　今後とも私たちは、社会活動として「組織罰を実現する会」の活動を継続する所存である。このような団体が存在し活動しているという、存在証明としての本書の発行と私たちの活動によって、「組織」による重大過失事故や被害者が減少し、遺族の悲しみが少しでもなくなることを強く願っている。

　最後に、この会に何らかの形で関わってくださった（ている）方々に御礼申し上げたい。事故遺族の悲しみや願いに寄り添い励まし続けてくださった多くの方々のお力添えがなければ、本書の発行は考えられなかった。署名にご協力いただいた方々をはじめとして、本来はお名前を挙げて感謝の気持ちを申し述べるべき方々が多数いらっしゃるわけであるが、それらすべての方々に心より御礼申し上げる。また本書の刊行をお引き受けいただいた現代人文社にも心より感謝申し上げる。これらの方々の「良き心」が会の行方を照らす光明であり続けることを祈りつつ。

　　組織罰を実現する会副代表　　　松本邦夫（笹子トンネル天井板崩落事故遺族）

GENJINブックレット71

組織罰はなぜ必要か
事故のない安心・安全な社会を創るために

| 2021年4月25日 | 第1版第1刷発行 |
| 2021年5月10日 | 第1版第2刷発行 |

編　者	組織罰を実現する会
発行人	成澤壽信
発行所	株式会社現代人文社

〒160-0004
東京都新宿区四谷2-10八ッ橋ビル7階
振替　　00130-3-52366
電話　03-5379-0307（代表）　FAX 03-5379-5388
E-Mail　henshu@genjin.jp（代表）
　　　　hanbai@genjin.jp（販売）
Web　　http://www.genjin.jp

発売所	株式会社大学図書
印刷所	株式会社ミツワ
表　紙	Malpu Design（高橋奈々）
本文デザイン	Malpu Design（佐野佳子）
本文イラスト	姉川真弓
表紙写真	時事通信社

検印
省略　PRINTED IN JAPAN　ISBN978-4-87798-780-0　C0036
© 2021 組織罰を実現する会